NOSSA SUFICIÊNCIA em CRISTO

JOHN MacARTHUR

NOSSA SUFICIÊNCIA em CRISTO

FIEL Editora

M116n MacArthur, John, 1939-
Nossa suficiência em Cristo / John MacArthur. – 2. ed.,
4. reimpr. – São José dos Campos, SP : Fiel, 2015.

252 p. ; 21 cm.
Tradução de: Our suficiency in Christ.
Inclui bibliografias e índice.
ISBN 9788599145319

1. Vida espiritual – Cristianismo. 2. Cristianismo – Séc. XX. I. Título.

CDD: 273.9

Catalogação na publicação: Mariana C. de Melo Pedrosa – CRB07/6477

Nossa Suficiência em Cristo

Traduzido do original em inglês:
Our Suficiency in Christ
© Copyright: John F. MacArthur, Jr.

■

1ª Edição em Português - 1995
2ª Edição em Português - 2007

■

Todos os direitos em língua portuguesa reservados por Editora Fiel da Missão Evangélica Literária

PROIBIDA A REPRODUÇÃO DESTE LIVRO POR QUAISQUER MEIOS, SEM A PERMISSÃO ESCRITA DOS EDITORES, SALVO EM BREVES CITAÇÕES, COM INDICAÇÃO DA FONTE.

■

Diretor: Tiago J. Santos Filho
Editor-chefe: Vinicius Musselman
Editor: Tiago J. Santos Filho
Coordenação Gráfica: Gisele Lemes
Tradução: Editora Fiel
Revisão: Ana Paula Eusébio Pereira;
Tiago J. Santos Filho e Marilene Paschoal
Diagramação e Arte-Final: Edvânio Silva

ISBN: 978-85-99145-31-9

FIEL
Editora

Caixa Postal, 1601
CEP 12230-971
São José dos Campos-SP
PABX.: (12) 3919-9999
www.editorafiel.com.br

À MEMÓRIA DE D. MARTYN

LLOYD-JONES,

UM ABENÇOADO SERVO DE DEUS,

QUE, EM OUTRO TEMPO E

LUGAR, EDIFICOU SUA VIDA E SEU

MINISTÉRIO

NA SUFICIÊNCIA DE CRISTO.

QUE HAJA MUITOS OUTROS

SEMELHANTES A ELE.

...porquanto, nele, habita, corporalmente, toda a plenitude da Divindade. Também, nele, estais aperfeiçoados.

Colossenses 2.9-10a

ÍNDICE

1. Ressuscitando uma Velha Heresia 17
   - *A Invasão do Gnosticismo na Igreja Primitiva*
   - *O Ataque Neognóstico à Igreja Contemporânea*

2. Tesouro ou Lixo? 29
   - *Um Rico Legado Para Usufruir • Dois Conceitos Revolucionários*
   - *Adorando a Deus Pela Nossa Herança Eterna*
   - *Já Recebemos Nossa Herança • A Natureza de Nossa Herança*
   - *A Segurança de Nossa Herança*

3. Necessita Deus de um Psiquiatra? 47
   - *A Profissionalização do Ministério de Aconselhamento*
   - *Quão Científicas são as Ciências Behavioristas?*
   - *O Fracasso da "Psicologia Cristã"*

4. A Verdade em um Mundo de Teoria 67
   - *Um Salmo Sobre a Suficiência da Palavra de Deus*
   - *Mais do que Muito Ouro Puro*

5. Santificação Psicológica? 83
   - *Podemos Achar Respostas Confiáveis Dentro de nós Mesmos?*
   - *Um Testemunho Sobre o Poder da Palavra de Deus*
   - *Tornando-nos Pessoas da Palavra • Aconselhando com a Bíblia*
   - *O que Aconteceu com o Espírito Santo?*
   - *Você Está Sendo Aperfeiçoado Pela Carne?*

6. Crentes na Bíblia, com Dúvidas 103
   - *Uma Planta Para o Desastre • Que Mais se Pode Dizer?*
   - *O que diz o Autor Divino • Um Apelo ao Discernimento*
   - *Pregue a Palavra... e Nada Senão a Palavra*

7. Hedonismo Religioso 129
   • *O Legado do Liberalismo*
   • *O que há de Errado com o Pragmatismo?*
   • *"Tudo Para com Todos" os Homens*
   • *"O Poder de Deus Para a Salvação"*
   • *Como Está Sua Dieta Espiritual?*

8. À Procura de Algo Mais 157
   • *Cristo + Filosofia* • *Cristo + Legalismo*
   • *Cristo + Misticismo* • *Cristo + Ascetismo*
   • *Cristo + Nada!*

9. O Equilíbrio Entre a Fé e o Esforço 179
   • *Quietismo Versus Pietismo*
   • *Atingindo um Equilíbrio Adequado*
   • *Nossa Parte: Desenvolver Nossa Salvação*
   • *A Parte de Deus: Operar em Nós*

10. Batalha Espiritual: Quem Está Contra Quem? 197
    • *Os Participantes*
    • *Os Alvos de Satanás*
    • *O Papel do Crente na Batalha*
    • *A Estratégia de Satanás*
    • *O Propósito Soberano de Deus*
    • *"Entregue a Satanás"*
    • *Como Podemos Lutar Contra o Diabo?*

11. Graça Suficiente 223
    • *Graça Sobre Graça* • *Graça Superabundante*
    • *Graça Toda-suficiente* • *As Lições da Graça*
    • *Graça em Meio a Tribulações*

Epílogo: Perfeita Suficiência 241

Prefácio

*Visto como, pelo seu divino poder,
nos têm sido doadas todas as coisas
que conduzem à vida e à piedade,
pelo conhecimento completo daquele
que nos chamou para a sua própria
glória e virtude.*

2 Pedro 1.3

Em sua brilhante sátira *Screwtape Letters* (Cartas do Inferno), C.S. Lewis imaginou este memorando do demônio Murcegão para seu aprendiz Cupim, que desesperadamente procurava impedir que seu "paciente" humano vivesse o cristianismo bíblico:

> Meu caro Cupim,
>
> O verdadeiro problema a respeito do grupo com o qual o seu paciente convive, é que ele é meramente cristão. Todos têm, é claro, interesses individuais, mas o laço que os une é o cristianismo. O nosso alvo, se chegam ao ponto de se tornarem cristãos, é mantê-los em um estado de espírito ao qual chamo de "cristianismo e". Você sabe: Cristianismo e a Crise, Cristianismo e a Nova Corrente Psicológica, Cristianismo e a Nova Ordem, Cris-

tianismo e a Cura Pela Fé, Cristianismo e a Pesquisa Psíquica, Cristianismo e o Vegetarianismo, Cristianismo e a Reforma Ortográfica... Se não podemos impedi-los de serem cristãos, então que o sejam com certos qualificativos. Substitua a fé por alguma moda que tenha um colorido cristão.

O uso de modas, na área do pensamento, tem por objetivo distrair a atenção dos homens para que não percebam o real perigo no qual se encontram. Direcionamos o clamor da moda, em cada geração, contra os vícios que oferecem menos perigo e fixamos a aprovação dele na virtude mais próxima do vício que desejamos tornar endêmico. Nossa estratégia é fazê-los pegar em extintores, enquanto está acontecendo uma enchente, e agrupá-los naquele lado do barco que já está prestes a afundar. Assim, a moda será expor os perigos do entusiasmo, enquanto todos estão se tornando mundanos e apáticos. Um século mais tarde, quando realmente os estivermos tornando como que embriagados de emoção, a moda será clamar contra os perigos da "mera compreensão". As épocas marcadas por crueldade são levadas a se colocarem em guarda contra o sentimentalismo; nos períodos de irresponsabilidades, são colocados clamores contra a respeitabilidade; nas épocas de libertinagem, os clamores são contra o puritanismo; e sempre que os homens estiverem se colocando na condição de escravos e de tiranos, o liberalismo será o bode expiatório.

Porém, o maior de todos os triunfos é elevar o horror à "mesma-coisa-de-sempre", mediante uma filosofia tal que a insensatez intelectual reforce a corrupção da vontade. Aqui é que o caráter evolucionista ou histórico do moderno pensamento europeu (que em parte é trabalho nosso) torna-se útil. O inimigo [Deus, no entendimento de Murcegão] gosta de simplicidade. Diante de qualquer decisão, Ele quer, a meu ver, que os homens façam as simples perguntas: "É correto? É prudente? É possível?" Porém, se fizermos com que os homens perguntem: "Está de acordo com o andamento geral de nosso tempo? É progressista ou revolucionário? A história está caminhando nessa direção?", eles negligenciarão as perguntas realmente importantes. E, natu-

Prefácio

ralmente, estas perguntas que desejamos que eles façam não têm respostas, visto que eles não conhecem o futuro. O futuro depende muitíssimo das escolhas que eles fazem hoje e para as quais invocam a ajuda do futuro. Como resultado, enquanto suas mentes estão ocupadas a zumbir nesse vácuo, temos nossa melhor chance de nos imiscuirmos e forçá-los a cumprirem os nossos propósitos. Grandes trabalhos já foram realizados. Antigamente eles eram capazes de discernir entre mudanças que trariam boas ou más conseqüências e as que seriam indiferentes. Porém, já conseguimos anular grande parte desse discernimento. Temos conseguido substituir o adjetivo descritivo "estável" pelo adjetivo emocional "estagnado" e os treinamos a pensar no futuro como uma terra prometida, a qual só os heróis favorecidos alcançam, e não como algo a que cada pessoa chega, à razão de sessenta minutos por hora, faça o que fizer, seja quem for.

Seu carinhoso tio,

Murcegão.[1]

Isso descreve precisamente a estratégia que Satanás está usando, com o máximo de eficácia, contra a igreja, em nossos dias. Lewis expôs, em tão poucas palavras, a problemática que desejo abordar neste livro. Na década de 1940, quando escreveu essa carta mítica do Tio Murcegão, Lewis estava diagnosticando com exatidão uma enfermidade que praticamente aleijou a igreja contemporânea.

O vil Murcegão odiava o "cristianismo puro e simples" e queria, a todo custo, adorná-lo com idéias mundanas, modismos, assuntos palpitantes do momento ou qualquer outra idéia que pudesse vender a cristãos simplórios. Por quê? Porque sabia que tais coisas têm o poder de diluir e enfraquecer a pureza da fé. O cristianismo puro não precisa de embelezamento: "Pelo seu [de Cristo] divino poder, nos têm sido doadas *todas as coisas* que conduzem à vida e à piedade" (2 Pe. 1.3 — ênfase minha).

Uma de minhas obras mais polêmicas, *O Evangelho Segundo*

Jesus (Editora Fiel), terminou com uma referência a 2 Pedro 1.3. Aquele livro lidou com a mensagem do evangelho e trabalhou a idéia do que significa crer no Senhor Jesus Cristo. O livro desencadeou muitas reações emocionais, e isto não me surpreendeu. Porém, confesso que fiquei admirado com o *montante* de opiniões que ele gerou. Já tenho também preparado mais dois livros que abordam a controvérsia da "salvação pelo senhorio", a partir de um estudo dos escritos dos apóstolos.

Este livro, entretanto, não é sobre aquele assunto. Aqui eu me concentro na presente corrosão da confiança na perfeita suficiência de nossos recursos espirituais em Cristo.

Creio que este livro também causará alguma controvérsia, embora não devesse. Como cristãos, encontramos em Cristo e suas provisões plena suficiência para as nossas necessidades. Não existe tal coisa como o cristão incompleto ou deficiente. O divino poder de nosso Salvador já nos outorgou *tudo* relacionado à vida e à piedade. A sabedoria humana nada oferece para aumentar isso. No momento da salvação, cada cristão recebe tudo que precisa; ele precisa crescer e amadurecer, mas nenhum dos recursos necessários lhe falta. Não há necessidade de se buscar algo mais.

Quando Jesus completou sua obra redentora no Calvário, Ele exclamou triunfantemente: "Está consumado!" (Jo. 19.30). A obra salvadora estava completamente feita, terminada. Nada foi omitido. E a todos que são recipientes dessa salvação é outorgado tudo quanto pertence à vida e à piedade, através do verdadeiro conhecimento de Cristo (2 Pe. 1.3). Nele temos sabedoria, justiça, santificação e redenção (1 Co. 1.30). A graça de Cristo é suficiente para cada situação (2 Co. 12.9). Nele somos abençoados com toda sorte de bênçãos espirituais (Ef. 1.3). Através de uma única oferta, Ele nos aperfeiçoou para sempre (Hb. 10.14). Somos perfeitos em Cristo (C. 2.10). O que mais alguém poderia acrescentar a tudo isso?

Portanto, possuir o Senhor Jesus Cristo é ter todo recurso espi-

Prefácio

ritual. Toda força, sabedoria, consolo, alegria, paz, significado, valor, propósito, esperança e realização na vida, agora e para sempre, estão inseparavelmente contidos nEle. O cristianismo é um relacionamento todo-suficiente com um Cristo todo-suficiente. Não há razão para qualquer pessoa que crê na Palavra de Deus ter dificuldades com essa verdade auto-evidente.

Mas uma abrangente falta de confiança na suficiência de Cristo vem ameaçando a igreja contemporânea. Muitos cristãos têm tacitamente anuído ao conceito de que nossas riquezas em Cristo, incluindo as Escrituras, a oração, a habitação do Espírito Santo e todos os demais recursos espirituais que encontramos em Cristo, simplesmente não são adequados para satisfazer as reais necessidades das pessoas. Há igrejas que estão comprometidas com programas baseados na pressuposição de que o ensino dos apóstolos, a comunhão, o partir do pão e a oração (At. 2.42) não são a agenda completa para a igreja que se prepara para adentrar o complexo e sofisticado mundo do século vinte e um.

Infelizmente, muitos cristãos desconhecem a verdade acerca da suficiência de nosso Senhor. Espero que a leitura deste livro ajudem-nos a conhecê-la. A igreja está tremendamente carente de uma renovada apreciação do que significa ser perfeito em Cristo.

O fracasso dos cristãos modernos em compreenderem e se apropriarem das riquezas que há em Cristo tem aberto as portas para todo tipo de influências aberrantes. Falsa doutrina, legalismo, libertinagem, humanismo e secularização — citando algumas destas influências — estão corroendo a fé cristã. Tais assaltos satânicos são bem mais sutis e, portanto, mais perigosos que o liberalismo que estilhaçou a igreja no início do século XX; e estão proliferando com eficácia assustadora.

Nas últimas três décadas, por exemplo, a teologia vai se tornando cada dia mais humanista. O foco da atenção passou de Deus para as pessoas e seus problemas, e o aconselhamento tomou lugar da adoração e do evangelismo como a principal atividade de muitas igrejas. A maior parte dos seminários hoje envidam mais esforços em ensinar psicologia aos alunos do curso ministerial do que em ensiná-los a pregar. Evidentemente, eles crêem que terapeutas podem trazer maior benefício à vida dos cristãos do que pregadores e professores. Esse tipo de mentalidade invadiu rapidamente a igreja. O evangelicalismo está fascinado pela psicoterapia. Distúrbios emocionais e psicológicos, que supostamente requerem análise prolongada, têm se tornado moda. Se ouvirmos por uma hora, no rádio, os programas de aconselhamento dados por telefone, quase todos mostrarão que isso virou moda. Ou, então, visite sua livraria evangélica local e verifique a proliferação dos chamados livros "cristãos" que tratam do assunto da recuperação emocional. Em praticamente todo lugar que você procurar, na subcultura evangélica, haverá indícios de que os cristãos estão se tornando mais e mais dependentes de terapeutas, grupos de apoio ou outros grupos similares.

Esse desvio no foco de atenção da igreja não se originou de uma nova percepção das Escrituras. Ao contrário, ele infiltrou-se na igreja, vindo do mundo. Trata-se de um ataque desferido contra o nível mais básico da fé, desafiando a confiança dos cristãos na suficiência de Cristo.

"A minha graça te basta", disse o Senhor ao apóstolo Paulo (2 Co 12.9). Atualmente, em nossa cultura, o cristão olha com desdém para um conselho desses, vendo-o como simplista, não-sofisticado e ingênuo. Pode você imaginar um dos modernos conselheiros profissionais, em seu programa no rádio, dizendo simplesmente a um ouvinte deprimido que a graça de Deus é suficiente para satisfazer a necessidade dele? A opinião contemporânea é utilitária, valorizando mais o conforto físico do que o bem-estar espiritual, mais o amor-próprio do que o ser igual a Cristo, mais as boas emoções do que o viver santo. Muitos cristãos que buscam um sentido de realização têm voltado as costas aos ricos recursos da toda-suficiente graça de Deus e, em lugar disso, estão em uma busca infrutífera por contentamento em ensinamentos humanos e vazios.

Outra evidência de que muitos estão perdendo a confiança na

suficiência de Cristo é a crescente fascinação da igreja com a metodologia pragmática. O aconselhamento não é o único programa que suplantou o ensino, a comunhão, o partir do pão e a oração como atividades principais da vida da igreja. Muitas igrejas têm deixado de enfatizar a pregação e a adoração para enfatizar o entretenimento, crendo, aparentemente, que precisam atrair os incrédulos por apelarem aos seus interesses carnais. Como se Cristo fora, de alguma forma, inadequado em si mesmo, muitos líderes de igreja crêem que precisam aguçar as fantasias das pessoas para poder ganhá-las. O espetáculo é a onda mais recente do evangelicalismo, à medida que igrejas e mais igrejas aderem à nova filosofia.

Esta é, precisamente, a praga que atacou Israel por todo o Antigo Testamento. Vez após vez, os israelitas colocavam sua confiança em carros e cavalos, alianças com o Egito, sabedoria carnal, riqueza material, poderio militar e outros meios humanos — tudo, menos na suficiência do Deus deles. A recusa de dependerem unicamente dos amplos recursos espirituais dos quais dispunham trouxe-lhes tão-somente fracasso e humilhação.

Ainda assim, a igreja hoje se comporta exatamente como Israel no Antigo Testamento. Em que isso dará? Será que o cristianismo bíblico desvanecerá por completo do cenário mundial nesses próximos anos? "Quando vier o Filho do homem, achará, porventura, fé na terra?" (Lc. 18.8).

A igreja está afundando num atoleiro de mundanismo e de autoindulgência. Mais do que nunca, precisamos de uma geração de líderes dispostos a confrontar essa tendência. Precisamos de homens e mulheres piedosos, comprometidos com a verdade de que em Cristo nós herdamos recursos espirituais suficientes para cada necessidade, para cada problema — tudo que conduz à vida e à piedade.

1. C. S. Lewis, *The Screwtape Letters* (New York: Macmillan, 1961), pp. 126-130.

Capítulo 1

Ressuscitando uma Velha Heresia

Deus pode fazer-vos abundar em toda graça, a fim de que, tendo sempre, em tudo, ampla suficiência, superabundeis em toda boa obra.

2 Coríntios 9.8

Conheço um pastor que estava realizando uma série de conferências em várias igrejas nos Estados de Carolina do Norte e Carolina do Sul. Ele estava hospedado na casa de amigos em Asheville e viajava todas as noites para pregar.

Certa noite, ele deveria falar em uma igreja em Greenville, Carolina do Sul, que fica a várias horas de Asheville. Visto que não possuía carro, alguns amigos de Greenville ofereceram-se para buscá-lo e, depois, levá-lo de volta. Quando estes vieram apanhá-lo, ele se despediu de seus hospedeiros, avisando que retornaria por volta da meia-noite ou um pouco depois.

Após ministrar na igreja de Greenville, este pastor conhecido meu demorou algum tempo desfrutando de comunhão e, por fim, retornou a Asheville. Aproximando-se da casa, reparou que a luz da porta da frente estava acesa; por isso pressupôs que seus anfitriões estariam à sua espera, pois haviam conversado sobre a hora de seu retorno. Ao descer do carro, despediu-se de quem o trouxera e disse: Apresse-se, sua viagem de volta é longa. Com certeza estão me esperando; não terei qualquer problema.

Caminhando em direção à casa, sentiu o forte frio da noite de inverno. Ao se aproximar da porta, seu nariz e suas orelhas já estavam dormentes. Ele gentilmente bateu à porta, mas ninguém atendeu. Bateu mais forte, e mais forte ainda, mas nada de resposta. Finalmente, preocupado com o intenso frio, deu a volta e bateu à porta da cozinha e na janela lateral. Mas o silêncio continuou absoluto.

Frustrado e ficando a cada instante mais gelado, resolveu bater à porta de um vizinho para tentar telefonar ao seu anfitrião. No caminho, raciocinou que bater à porta de um estranho após a meia-noite era arriscado, então resolveu procurar um telefone público. Estava escuro e o frio era intenso. Por não conhecer os arredores, ele acabou caminhando por vários quilômetros. A certa altura, ele escorregou na grama molhada ao lado da estrada e, deslizando numa ribanceira, caiu dentro duma poça de meio metro de água. Ensopado e quase congelado, ele subiu rastejando a ribanceira e continuou caminhando até vislumbrar o luminoso letreiro de um hotel. Acordou o gerente, que gentilmente lhe cedeu o telefone.

O pastor, enlameado, telefonou e disse ao seu sonolento anfitrião: "Sinto acordá-lo, mas não consegui que ninguém atendesse quando bati à porta. Estou a vários quilômetros de sua casa, estrada abaixo, aqui no hotel. O irmão poderia vir me buscar?"

Ao que o anfitrião respondeu: "Meu querido irmão, há uma chave da porta da frente no bolso de seu paletó. O irmão esqueceu? Eu a dei ao irmão quando saía de casa".

Então, o pastor colocou a mão no bolso, e lá estava a chave.

Essa história verdadeira ilustra bem a embaraçosa situação dos cristãos que procuram obter as bênçãos divinas por meios humanos, enquanto — o tempo todo — possuem Cristo, que é a chave para todo tipo de bênção espiritual. Ele, por si só, preenche os anelos mais profundos de nosso coração e supre todos os recursos espirituais que necessitamos.

Os crentes têm em Cristo tudo que precisam para enfrentar qualquer provação, qualquer tentação, qualquer dificuldade com as quais possam se deparar nesta vida. Mesmo o recém-convertido possui recursos suficientes para cada necessidade espiritual que possa ter. A partir do momento da salvação, cada crente está em Cristo (2 Co. 5.17), e Cristo está no crente (Cl. 1.27). O Espírito Santo habita no crente (Rm. 8.9), e o crente é o santuário do Espírito Santo (1 Co. 6.19). "Porque todos nós temos recebido da sua plenitude e graça sobre graça" (Jo. 1.16). Portanto, cada cristão é um depósito de riquezas espirituais divinamente outorgadas. Nenhuma outra coisa — nenhum grande segredo transcendental, nenhuma experiência de êxtase, nenhuma sabedoria espiritual oculta — pode levar o crente a um nível mais elevado de vida espiritual. "Visto como, pelo seu divino poder, nos têm sido doadas *todas as coisas* que conduzem à vida e à piedade, pelo conhecimento completo daquele que nos chamou para a sua própria glória e virtude" (2 Pe. 1.3 — ênfase minha). O "conhecimento completo *daquele* que nos chamou" refere-se ao conhecimento salvífico. Buscar algo mais é como bater freneticamente numa porta, à procura do que está lá dentro, sem perceber que você tem uma chave em seu bolso.

Satanás tem procurado sempre enganar os cristãos, conduzindo-os para longe da pureza e da simplicidade encontradas em Cristo, que é todo-suficiente (2 Co.11.3), e sempre tem encontrado pessoas dispostas a renegar a verdade em troca de praticamente qualquer coisa nova e incomum.

A Invasão do Gnosticismo na Igreja Primitiva

Uma das primeiras negações à suficiência de Cristo foi o gnosticismo, uma seita que floresceu nos primeiros quatro séculos da história da igreja. Muitos escritos pseudobíblicos, incluindo o Evangelho Segundo Tomé, o Evangelho de Maria, o Apócrifo de João, a Sabedoria de Jesus Cristo e o Evangelho Segundo Felipe, foram obras gnósticas.

Os gnósticos criam que a matéria é má e que o espírito é bom. Eles inventaram explicações heréticas acerca de como Cristo podia ser Deus (espírito puro, imaculado) e ainda assim encarnar (a carne era vista pelos gnósticos como uma substância material totalmente má). Os gnósticos ensinavam que há uma faísca de divindade dentro dos seres humanos e que a essência da espiritualidade está em nutrir esse lado imaterial e em negar os impulsos materiais e físicos. Eles criam que a principal forma de se liberar o elemento divino contido numa pessoa seria através do alcançar a iluminação intelectual e espiritual.

Os gnósticos, portanto, criam que possuíam um nível de conhecimento espiritual mais elevado do que o crente comum e que esse conhecimento secreto era a chave para a iluminação espiritual. Aliás, a palavra grega *gnosis* significa "conhecimento". A heresia gnóstica levou muitos na igreja a buscarem um conhecimento oculto, além do que Deus havia revelado em sua Palavra e através de seu Filho.

O gnosticismo era, pois, algo elitizado, um movimento exclusivista que desdenhava os cristãos bíblicos "não-iluminados" e "simplistas", por sua ingenuidade e por sua falta de sofisticação. Infelizmente, muitas igrejas foram enganadas por essas idéias e se afastaram de sua exclusiva confiança em Cristo.

O gnosticismo foi um ataque desferido contra a suficiência de Cristo. Ele promovia a falsa promessa de algo mais, algo mais elevado ou um recurso espiritual mais completo, quando a verdade é que Cristo é tudo o que alguém necessita.

A maioria das epístolas do Novo Testamento confronta, de forma clara, as incipientes formas do gnosticismo. Em Colossenses, por exemplo, o apóstolo Paulo estava atacando conceitos gnósticos quando escreveu a respeito de "toda a riqueza da forte convicção do entendimento, para compreenderem plenamente o mistério de Deus, Cristo, em quem todos os tesouros da sabedoria e do conhecimento estão ocultos" (Cl. 2.2-3). Ele preveniu os crentes contra a metodologia procedente desta heresia: "Cuidado que ninguém vos venha a enredar com sua filosofia e vãs sutilezas, conforme a tradição dos homens, conforme os rudimentos do mundo e não segundo Cristo; porquanto, nele, habita, corporalmente, toda a plenitude da Divindade. Também, nele, estais aperfeiçoados. Ele é o cabeça de todo principado e potestade" (Cl. 2.8-10 — veja uma abordagem mais ampla no capítulo 8).

O Ataque Neognóstico à Igreja Contemporânea

O gnosticismo, na realidade, nunca morreu. Traços de influência gnóstica têm infectado a igreja através de sua história. Atualmente, uma tendência *neognóstica* de se buscar conhecimento oculto vem ganhando uma nova influência e trazendo consigo resultados desanimadores.

Em ambientes onde são toleradas a doutrina imprecisa e uma negligente exegese bíblica, onde definham tanto o discernimento quanto a sabedoria bíblica, as pessoas tendem a procurar algo mais que a simples suficiência que Deus providenciou em Cristo. Hoje, como nunca antes, a igreja tem se tornado negligente e atordoada quanto à verdade bíblica, e isso a tem conduzido a uma busca sem precedentes pelo conhecimento oculto. Isso é neognosticismo, e três de seus traços principais, presentes hoje na igreja, indicam que ele está ganhando ímpeto: a psicologia, o pragmatismo e o misticismo.

Psicologia. Nada define melhor o neognosticismo do que a fascinação da igreja pela psicologia humanista. A integração da moderna teoria behaviorista na igreja tem criado uma atmosfera na qual o aconselhamento bíblico tradicional é visto como simples, ingênuo e até mesmo tolo. Os neognósticos pretendem nos levar a crer que compartilhar as Escrituras e orar com alguém que está com suas emoções profundamente feridas é algo muito superficial. Somente os que são especialistas em psicologia — os que possuem conhecimento secreto — estão devidamente qualificados para ajudar pessoas com problemas espirituais e emocionais profundos. A aceitação dessa atitude está conduzindo milhões ao erro e está aleijando o ministério da igreja.

A palavra *psicologia*, em si, é boa. Seu significado literal é "o estudo da alma". E como tal, ela originalmente carregava uma conotação que tem implicações distintamente cristãs, pois somente alguém que se tornou perfeito em Cristo está adequadamente equipado para estudar a alma humana. Mas a psicologia não consegue, na realidade, estudar a alma humana; ela limita-se ao estudo do comportamento humano. E reconhecemos haver valor nisso, mas é preciso que se faça uma clara distinção entre a contribuição que estudos behavioristas podem fazer às necessidades educacionais, industriais e físicas de uma sociedade e a capacidade de tais estudos satisfazerem as necessidades espirituais das pessoas. Buscar soluções que não estejam alicerçadas na Palavra e na orientação do Espírito de Deus jamais resolve qualquer problema da alma humana. Só Deus conhece a alma, e somente Ele pode mudá-la. Ainda mais, as idéias largamente difundidas pela psicologia moderna são teorias desenvolvidas por ateus, fundamentadas na suposição de que não há Deus e de que o indivíduo, por si só, tem o poder de mudar a si mesmo, transformando-se numa pessoa melhor, desde que aplique certas técnicas.

Surpreendentemente, a igreja tem abraçado muitas das teorias populares da psicologia secular, e o impacto disso, nos últimos anos, tem sido revolucionário. Muitos na igreja crêem na noção ateísta de que os "problemas psicológicos" das pessoas são sofrimentos que nada têm a ver com a esfera física ou espiritual. "Psicólogos cristãos" têm se tornado os novos campeões do aconselhamento nas igrejas. Em nossos dias, eles são festejados como os que verdadeiramente curam o coração humano. Os pastores e leigos são levados a crer que, a menos que tenham passado por um treinamento formal em técnicas psicológicas, estão mal equipados para aconselhar.

E a evidente mensagem dada por tal atitude é que apenas mostrar aos crentes a suficiência que há em Cristo é algo vazio e, quem sabe, até perigoso. Mas, pelo contrário, é vazio e perigoso crer que qualquer problema está além do alcance das Escrituras e que não pode ser resolvido pelas riquezas espirituais existentes em Cristo.

Pragmatismo. O fim justifica os meios? Mais do que nunca, a resposta dos evangélicos tem sido "sim". As igrejas, em seu zelo por atrair incrédulos, estão incorporando quase todo tipo de entretenimento.

A igreja primitiva reunia-se para adorar, orar, ter comunhão e ser edificada — e separava-se para evangelizar os incrédulos. Muitos hoje crêem que, em lugar disso, as reuniões da igreja deveriam entreter os incrédulos, de forma a gerar uma experiência que torne Cristo mais "apetecível" para eles. Cada vez mais, as igrejas trocam a pregação da Palavra por dramatizações, *shows* variados e coisas semelhantes. Algumas igrejas têm relegado o estudo da Bíblia aos cultos do meio da semana; outras o abandonaram por completo. Aqueles que possuem acesso ao referido conhecimento secreto nos dirão que a pregação bíblica, por si, não tem como ser relevante. Afirmam que a igreja precisa adotar novos métodos e programas inovadores, a fim de agarrar as pessoas no nível em que elas se encontram.

Esse tipo de pragmatismo vem rapidamente substituindo o sobrenaturalismo em muitas igrejas. Trata-se de uma tentativa de alcançar objetivos espirituais através da metodologia humana e não por meio do poder sobrenatural. O critério primário deste pragmatismo é o sucesso exterior, e, para tanto, emprega qualquer método que atraia uma multidão e estimule a reação desejada. As pressuposições de tal pragmatismo são de que a igreja pode atingir alvos espirituais através de meios carnais e que o poder da Palavra de Deus, por si só, não é suficiente para acabar com a cegueira e a dureza de coração do pecador.

Ao afirmar isso não creio que esteja indo longe demais. A onda de pragmatismo que assola a igreja de nossos dias parece estar fundamentada na concepção de que técnicas artificiais e estratégias humanas são *cruciais* para a missão da igreja hoje. Muitos parecem crer que, se nossa programação tiver bastante atrativos e se nossa pregação for suficientemente persuasiva, então conseguiremos capturar as pessoas para Cristo e para a igreja. Por isso, torcem a sua filosofia a respeito do ministério para encaixar as técnicas que mais parecem satisfazer os incrédulos.

Misticismo. Misticismo é a crença de que a realidade espiritual é perceptível fora da esfera do intelecto humano e dos sentidos naturais. Ele busca a verdade internamente, valorizando os sentimentos, a intuição, e outras sensações interiores, mais do que os dados externos, objetivos e observáveis. O misticismo, em última análise, fundamenta sua autoridade em uma luz auto-autenticada e auto-efetivada, vinda do interior da pessoa. Sua fonte de verdade é o sentimento espontâneo e não o fato objetivo. As formas mais complexas e extremas de misticismo são encontradas no hinduísmo e em seu reflexo ocidental, a filosofia da Nova Era.

Assim, um misticismo irracional e anti-intelectual, que é a antítese da teologia cristã, tem se infiltrado na igreja. Em muitos casos, os sentimentos individuais e a experiência pessoal têm tomado o lugar da sã interpretação bíblica. A questão "o que a Bíblia significa *para mim*?" tem se tornado mais importante do que "o que a Bíblia *significa*?"

Trata-se de uma abordagem das Escrituras que é terrivelmente imprudente. Ela mina a integridade e a autoridade bíblicas, sugerindo que a experiência pessoal deve ser buscada mais do que uma compreensão das Escrituras. Com freqüência, ela considera a "revelação" particular e as opiniões pessoais iguais à verdade eterna da inspirada Palavra de Deus. Portanto, deixa de honrar a Deus e, em lugar disso, exalta o homem. E, o pior de tudo, pode — e geralmente o faz — levar à horrenda ilusão de que o erro é a verdade.

Exageradas formas de misticismo têm florescido em décadas recentes, promovidas por fornecedores que fazem da mídia religiosa a sua plataforma. Os *shows* televisados, apresentando bate-papos, têm sido vitrines de quase todas as mais extravagantes interpretações teológicas que podemos imaginar, feitas por pessoas descuidadas e sem instrução — indo desde os que reivindicam terem viajado para o céu, e voltado, até aos que enganam seus telespectadores com novas verdades, supostamente reveladas por Deus a eles, em secreto.

Esse tipo de misticismo tem produzido várias aberrações, incluindo o movimento de sinais e maravilhas e um falso evangelho, que promete saúde, riqueza e prosperidade. Trata-se de mais uma evidência de que o avivamento gnóstico está assolando a igreja e minando a fé na suficiência de Cristo.

Diante do tamanho da igreja contemporânea, o neognosticismo de hoje constitui uma ameaça de muito maior alcance que seu predecessor do primeiro século. Além do mais, os líderes da igreja primitiva estavam unidos em oposição à heresia gnóstica. Infelizmente, isso não acontece em nossos dias.

O que pode ser feito? Ao apontar a suficiência de Cristo, Paulo confrontou o gnosticismo (Cl. 2.10). Ainda hoje, essa continua sendo a resposta.

Nos próximos capítulos, olharemos de perto cada uma dessas três influências gnósticas. Observaremos como cada uma delas desafia a pessoa de Cristo e sua suficiência e abordaremos os recursos espirituais disponíveis, em Cristo, para todos os crentes.

À medida que prosseguimos, chamaremos a atenção para várias ênfases reiteradas: a Escritura é suficiente, a graça é suficiente, a sabedoria de Deus é suficiente, o próprio Deus é suficiente, e assim por diante. Essas suficiências são inter-relacionadas e demonstram a incrível riqueza da vasta herança que possuímos em nosso Cristo todo-suficiente.

CAPÍTULO 2

Tesouro ou Lixo?

Ora, se somos filhos, somos também herdeiros, herdeiros de Deus e co-herdeiros com Cristo;

Romanos 8.17

Tesouro ou Lixo?

Homer e Langley Collyer eram filhos de um respeitado médico de Nova Iorque. Ambos tinham curso superior. Aliás, Homer havia estudado direito na Universidade de Colúmbia. Quando o velho Dr. Collyer morreu, no início do século XX, os filhos herdaram a casa e o patrimônio da família. Os dois filhos, ambos solteiros, estavam agora financeiramente muito bem de vida.

Mas os irmãos Collyer optaram por um estilo de vida nem um pouco coerente com o *status* que a herança lhes conferiu. Viviam em reclusão quase completa. Fecharam as janelas da casa com tábuas e trancaram as portas com cadeados. Água, luz e outras conveniências foram cortadas. Jamais se via alguém entrando ou saindo da casa. Olhando de fora, a casa parecia vazia.

Apesar dos Collyer terem sido uma família bastante proeminente, ao término da II Guerra Mundial praticamente ninguém se lembrava de Homer e Langley Collyer.

No dia 21 de março de 1947, a polícia recebeu um telefonema anônimo, indicando que um homem teria morrido naquela casa toda trancada. Sem conseguirem arrebentar a porta da frente, os policiais adentraram a casa por uma janela do pavimento superior. Ali encontraram o corpo de Homer Collyer estirado sobre uma cama. Ele morrera abraçado a um exemplar do *Jewish Morning Journal* (Matutino Judaico), datado de 22 de fevereiro de 1920, apesar de haver ficado cego vários anos antes de morrer. Essa cena macabra se contrapunha a um pano de fundo igualmente grotesco.

Aparentemente, os irmãos Collyer eram colecionadores. Colecionavam tudo, especialmente sucata. A casa deles estava abarrotada de máquinas quebradas, peças de automóveis, caixas, eletrodomésticos, cadeiras dobráveis, instrumentos musicais, trapos, todo tipo de bugigangas e pilhas de jornais velhos. Na realidade, tudo aquilo não tinha valor algum. Uma enorme quantidade de entulho bloqueava a porta da frente; os investigadores tiveram de continuar usando a janela do pavimento superior, enquanto operários trabalharam por várias semanas para liberarem a porta de entrada.

Quase três semanas após iniciado tal trabalho, enquanto os trabalhadores ainda estavam removendo o refugo, alguém fez uma descoberta espantosa. O corpo de Langley Collyer fora sepultado debaixo de uma pilha de detritos, dois metros distante da cama onde morrera Homer. Langley morrera esmagado pela estúpida armadilha que ele mesmo armara para proteger sua preciosa coleção das mãos dos intrusos.

O lixo removido da casa dos irmãos Collyer totalizou mais de 140 toneladas. Ninguém jamais conseguiu entender por que os dois estavam empilhando o seu patético tesouro, exceto pelo fato de um velho amigo recordar que Langley certa vez comentara que estava guardando os jornais velhos para que Homer pudesse lê-los todos, se viesse a recuperar a visão.

Homer e Langley Collyer constituem uma triste, porém exata parábola a respeito da maneira como muitos vivem na igreja contemporânea. Embora a herança dos irmãos Collyer fosse suficiente para todas as suas necessidades, eles viveram debaixo de uma privação auto-imposta e desnecessária. Negligenciaram os abundantes recursos que, por direito, dispunham, e, em lugar disso, Homer e Langley tornaram sua casa num esquálido monte de lixo. Desprezaram o suntuoso legado deixado pelo pai, e, em lugar disso, se embebedaram com o lixo do mundo.

Um Rico Legado Para Usufruir

Muitos crentes vivem a vida cristã dessa mesma forma. Desprezando as abundantes riquezas de uma herança que não se corrompe (1 Pe. 1.4), eles exploram minuciosamente os escombros da sabedoria humana, colecionando lixo. Como se as riquezas da graça de Deus (Ef. 1.7) não lhes bastassem, como se "todas as coisas que conduzem à vida e à piedade" (2 Pe. 1.3) não fossem suficientes, eles procuram complementar os recursos que, em Cristo, lhes pertencem. Gastam a vida toda acumulando, inutilmente, experiências emocionais, novos ensinos, orientações de gurus espertalhões ou qualquer coisa mais que possam acrescentar à sua coletânea de experiências espirituais. Tudo isso é totalmente inútil. Ainda assim, algumas dessas pessoas se entulham tanto desses passatempos que acabam não encontrando a porta para a verdade que os libertaria; e acabam se privando do tesouro por causa do lixo.

Onde é que os cristãos acharam essa idéia de que precisam de algo mais além de Cristo? Será que Ele é, de alguma forma, inadequado? Será que o seu dom de salvação é, de algum modo, deficitário? É claro que não. Somos filhos de Deus, co-herdeiros com Cristo e, portanto, beneficiários de um legado mais rico do que a mente humana possa compreender (Rm. 8.16-17). Os cristãos são tão ricos que não há como medir a sua riqueza. Todos os verdadeiros cristãos são herdeiros juntamente com o próprio Cristo.

As Escrituras têm muito a dizer acerca da herança do cristão. Aliás, ela é o ponto central de nosso relacionamento com Cristo, na Nova Aliança. O autor de Hebreus referiu-se a Cristo como "Mediador da nova aliança, a fim de que... recebam a promessa da eterna herança aqueles que têm sido chamados" (Hb. 9.15).

Fomos escolhidos para a adoção na família de Deus antes mesmo de o mundo ter começado a existir (Ef. 1.4-5). Com a nossa adoção, vieram todos os direitos e privilégios inerentes à membresia da família, incluindo uma herança no tempo e na eternidade que está além de nossa capacidade de esgotar.

Este era um elemento importante na teologia da igreja primitiva. Em Atos 26.18, Paulo diz ter sido comissionado por Cristo para pregar aos gentios, a fim de convertê-los "das trevas para a luz e da potestade de Satanás para Deus, a fim de que recebam eles remissão de pecados e herança entre os que são santificados pela fé" em Cristo.

Em Colossenses 1.12, ele afirma que Deus Pai "vos fez idôneos à parte que vos cabe da herança dos santos na luz". Paulo enxergava a herança do crente como sendo tão grande que ele orou para que os efésios fossem espiritualmente iluminados, a fim de compreenderem a riqueza da glória dessa herança (Ef. 1.18).

O conceito de uma herança recebida da parte de Deus tinha grande significado para os primeiros judeus que creram em Cristo, já que os pais do Antigo Testamento receberam a terra de Canaã como herança pertencente à aliança feita por Deus com Abraão (Gn. 12.1). A herança deles era, em grande parte, terrena e material (Dt. 15.4; 19.10), embora também incluísse muitas bênçãos espirituais. A nossa herança em Cristo, entretanto, é primordialmente espiritual. Ou seja, não se trata de uma promessa de riqueza e prosperidade material. Ela vai muito além das bênçãos físicas, que são transitórias e baratas.

Nós herdamos a Deus. Este conceito era chave na compreensão vétero-testamentária de uma herança espiritual. Josué 13.33 afirma: "Porém à tribo de Levi Moisés não deu herança; o SENHOR, Deus de Israel, é a sua herança, como já lhes tinha dito". Das doze tribos de Israel, Levi tinha uma função espiritual singular: era a tribo sacerdotal. E, como tal, seus membros não herdaram uma porção da terra prometida. O próprio Senhor era a herança deles. Eles literalmente herdaram a Deus como possessão.

Davi disse: "O SENHOR é a porção da minha herança" (Sl. 16.5). No Salmo 73.25-26, Asafe declara: "Quem mais tenho eu no céu? Não há outro em quem eu me compraza na terra... Deus é a fortaleza do meu coração e a minha herança para sempre".

O profeta Jeremias afirmou: "A minha porção é o SENHOR... portanto, esperarei nele" (Lm. 3.24). Esse princípio do antigo Testamento se aplica a cada cristão. Nós somos "herdeiros de Deus" (Rm. 8.17). 1 Pedro 2.9 descreve os crentes como "raça eleita, sacerdócio real, nação santa, povo de propriedade exclusiva de Deus". Nós somos dEle, e Ele é nosso. Que gozo saber que herdamos o próprio Deus e que passaremos a eternidade na presença dEle!

Nós herdamos a Cristo. Os crentes entram numa eterna união com Cristo. Cristo mesmo habita neles (Cl. 1.27). Ele orou ao Pai: "...para que sejam um, como nós o somos; eu neles, e tu em mim" (Jo. 17.22-23). Um dia "seremos semelhantes a ele, porque haveremos de vê-lo como ele é" (1 Jo. 3.2) e reinaremos com Ele como herdeiros (Rm. 8.17).

Nós herdamos o Espírito Santo. Efésios 1.14 afirma que o Espírito Santo "é o penhor da nossa herança". Ou seja, Ele é o Garantidor de nossa herança. A palavra grega traduzida por "penhor" (*arrabōn*) originalmente se referia a uma caução — dinheiro dado como sinal para assegurar uma compra. Veio, mais tarde, a significar qualquer objeto usado como sinal de compromisso. Uma forma dessa palavra acabou sendo usada para referir-se à aliança de casamento. O Espírito Santo, habitando em nós, é a garantia de nossa herança eterna.

Nós herdamos a salvação. Pedro afirma que nossa herança inclui a "salvação preparada para revelar-se no último tempo" (1 Pe. 1.5). A palavra grega traduzida por "salvação" fala de salvamento ou livramento. Em seu sentido mais amplo, refere-se ao nosso livramento completo e final da maldição da lei, do poder e da presença do pecado, do desgosto, da dor, da morte e do juízo. Não importa quão difíceis sejam as nossas atuais circunstâncias, podemos olhar além das mesmas e bendizer a Deus pela plenitude final de nossa eterna salvação.

Nós herdamos o reino. Jesus declarou: "Então, dirá o Rei aos que estiverem à sua direita: Vinde, benditos de meu Pai! Entrai na posse do reino que vos está preparado desde a fundação do mundo" (Mt. 25.34).

Assim, Deus, Cristo, o Espírito Santo, a salvação eterna e o reino são a nossa herança. Mas a plenitude dessa herança ainda não foi revelada a nós. João escreveu: "Amados, agora, somos filhos de Deus, e ainda não se manifestou o que haveremos de ser" (1 Jo. 3.2). Paulo disse: "Nem olhos viram, nem ouvidos ouviram, nem jamais penetrou em coração humano o que Deus tem preparado para aqueles que o amam" (1 Co. 2.9).

Somos como um príncipe ainda criança, que é novo demais e imaturo para compreender os privilégios especiais relativos à sua posição ou à herança que o aguarda. Conseqüentemente, ele pode até lutar por desejos fúteis e ter acessos de raiva por coisas sem valor, as quais não passam de pálidas comparações com todas as riquezas que ele possui e que um dia receberá, ao assumir o trono de seu pai. À medida que ele cresce, seus pais precisam treiná-lo e discipliná-lo de forma a aprender o comportamento digno de alguém de sua linhagem. Através de todo esse processo de treinamento e amadurecimento, ele começa a compreender o valor e as implicações de sua herança.

Nós também, um dia, experimentaremos a plenitude de nossa herança. Enquanto isso não ocorre, é preciso que aprendamos a agir como filhos do Rei, permitindo que a esperança das bênçãos futuras purifique nossa vida (1 Jo. 3.3).

Dois Conceitos Revolucionários

Para mantermos uma perspectiva adequada a respeito da suficiência de Cristo, é importante que focalizemos a atenção em nossa herança eterna, especialmente em meio a circunstâncias difíceis. Isso não é tarefa fácil, uma vez que somos inclinados ao egoísmo e à procura de satisfação instantânea. A propaganda alimenta essa mentalidade ao dizer-nos que podemos possuir tudo que desejamos e que podemos tê-lo *neste instante*. É claro que "possuir tudo" normalmente significa comprar a prazo o que eles estão vendendo. Uma constante dieta dessa filosofia tem engordado nossa sociedade com auto-indulgência e impaciência. As pessoas não agüentam a vida, se não podem satisfazer cada desejo instantaneamente. Querem eliminar de imediato cada desconforto, dificuldade, injustiça ou privação.

As Escrituras respondem a isso com dois conceitos revolucionários: a mentalidade celestial e a satisfação adiada. Mentalidade celestial é tirarmos os nossos olhos das ofertas do mundo, quando buscamos realização, colocando-os na suficiente provisão de Deus, para a nossa satisfação. É isso que Jesus tinha em mente quando nos instruiu a tornarmos o reino do Pai a nossa primeira prioridade (Mt. 6.33). É o que Paulo quis dizer quando nos orientou a colocarmos nossa mente nas coisas lá do alto e não nas deste mundo (Cl. 3.2). É o que João quis dizer quando afirmou: "Não ameis o mundo nem as coisas que há no mundo" (1 Jo. 2.15).

Satisfação adiada é simplesmente anuir à vontade de Deus e ao momento oportuno dEle — isto é a essência do conceito de paciência. Todas as promessas dEle serão cumpridas, sua justiça e autoridade serão plenamente realizadas, seu Filho e seus santos serão cabalmente vindicados — quando Ele achar oportuno, não quando nós acharmos. Muitas das dificuldades que enfrentamos não serão resolvidas nesta vida, porque os propósitos dEle transcendem as situações temporais que enfrentamos. Por isso, não há sentido em sairmos por aí, impacientemente, à procura de alívio, dirigindo-nos a pessoas que oferecem "soluções" que ignoram tanto os objetivos quanto a escala de atividades de Deus.

Por exemplo, o Espírito Santo, por meio destas palavras, encoraja os crentes perseguidos: "Sede, pois, irmãos, pacientes, até à vinda do Senhor. Eis que o lavrador aguarda com paciência o precioso fruto da terra, até receber as primeiras e as últimas chuvas. Sede vós também pacientes e fortalecei o vosso coração, pois a vinda do

Senhor está próxima" (Tg. 5.7-8). Tenho certeza de que os santos a quem Tiago escreveu anelavam pelo consolo e pela justiça de Deus, em relação a seus perseguidores; mas Deus queria que cultivassem a paciência, tivessem o coração fortalecido e uma alegre expectativa da volta de Cristo. Esses são benefícios muito maiores do que o alívio imediato das dificuldades e injustiças que enfrentavam. Deus haveria de vindicá-los, mas a seu tempo.

Adorando a Deus Pela Nossa Herança Eterna

Uma paciência inclinada para as coisas celestiais inclui o contemplar antecipadamente nossa herança eterna, adorando a Deus pela mesma, a despeito de nossas circunstâncias temporais.

Pedro ilustrou este princípio em sua primeira epístola, que foi escrita para nos ensinar como podemos vivenciar a nossa fé em meio a provações e perseguições aparentemente insuportáveis. Nero, o Imperador, havia acusado os cristãos de haverem incendiado Roma, e a perseguição que disso resultou estava se espalhando até à Ásia Menor, onde viviam os destinatários da carta de Pedro.

Para ajudá-los a fixar sua atenção na herança eterna e não nas dificuldades presentes, Pedro deu-lhes — e a nós também — uma palavra de encorajamento dividida em três partes.

Lembrem-se da sua vocação. Somos chamados de "raça eleita, sacerdócio real, nação santa, povo de propriedade exclusiva de Deus" (1 Pe. 2.9). Como tais, estamos em desacordo com o maligno sistema mundano de Satanás e, por isso, incorremos no ódio que procede do mundo. Portanto, não devemos nos surpreender ou ficar intimidados pelas ameaças de perseguição. Essa é a nossa vocação:

Porquanto para isto mesmo fostes chamados, pois que também Cristo sofreu em vosso lugar, deixando-vos exemplo para seguirdes os seus passos, o qual não cometeu pecado, nem dolo algum se achou em sua boca; pois ele, quando ultrajado, não re-

vidava com ultraje; quando maltratado, não fazia ameaças, mas entregava-se àquele que julga retamente. (1 Pe. 2.21-23)

Lembrem-se de louvar a Deus. Curvar-se para louvá-Lo é bem melhor do que curvar-se às pressões. Em 1 Pedro 1.3-5, lemos:

> Bendito o Deus e Pai de nosso Senhor Jesus Cristo, que, segundo a sua muita misericórdia, nos regenerou para uma viva esperança, mediante a ressurreição de Jesus Cristo dentre os mortos, para uma herança incorruptível, sem mácula, imarcescível, reservada nos céus para vós outros que sois guardados pelo poder de Deus, mediante a fé, para a salvação preparada para revelar-se no último tempo.

O verbo principal, "seja" (v. 3), está subentendido e não citado (Bendito *seja* o Deus). O texto poderia ser literalmente traduzido por "Bendizei o Deus e Pai de nosso Senhor Jesus Cristo". Em suma, o sentido do texto é "bendizei a Deus"; este sentido é tanto uma doxologia quanto um mandamento.

O fato de Pedro ter de ordenar a seus leitores que bendissessem a Deus ilustra, claramente, quão profunda é a nossa pecaminosidade. Uma de nossas alegrias no céu será a nossa capacidade, sem diminuição, de louvar a Deus perfeita e incessantemente, por sua graça salvadora. O cântico dos remidos estará em nossos lábios eternidade afora. Ainda assim, no presente lutamos com apatia e indiferença. Que incoerência! Louvar a Deus por nossa herança eterna deveria ser a constante expressão de nossos corações, não importa qual seja a situação temporal.

Lembrem-se de sua herança. Focalizarmos a atenção em nossa herança é um fator chave para experimentarmos alegria em meio às provações. A riqueza da nossa herança deveria nos levar a bendizer a Deus continuamente. Somos forasteiros neste mundo (1 Pe. 1.1), mas somos cidadãos dos céus e recipientes de imensuráveis bênçãos em Cristo.

Já Recebemos Nossa Herança

A palavra grega traduzida por "herança", em 1 Pedro 1.4, (*klēronomia*) diz respeito às possessões passadas de geração a geração. Você não as compra nem com trabalho nem com dinheiro; você as recebe simplesmente por ser um membro da família. Pedro descreve, no versículo 3, o meio pelo qual os crentes ganham a "membresia" na família de Deus: "Deus... nos regenerou para uma viva esperança, mediante a ressurreição de Jesus Cristo dentre os mortos". Recebemos nossa herança eterna por meio de um renascimento espiritual — a única solução para a nossa condição pecaminosa e alienada de Deus. Foi isso que Jesus deixou evidente ao líder judeu chamado Nicodemos: "Se alguém não nascer de novo, não pode ver o reino de Deus" (Jo. 3.3). João 1.12-13 salienta a mesma verdade: "Mas, a todos quantos o receberam, deu-lhes o poder de serem feitos filhos de Deus, a saber, aos que crêem no seu nome; os quais não nasceram do sangue, nem da vontade da carne, nem da vontade do homem, mas de Deus".

Nascemos como criaturas pecaminosas, mortas em delitos e pecados, satisfazendo os desejos de nossa carne e de nossa mente. Éramos por natureza filhos da ira, separados de Cristo, não tendo esperança e sem Deus no mundo (Ef. 2.1-3,12). Nossa capacidade de mudar nossa condição não era maior do que nossa capacidade de mudar a cor de nossa própria pele, ou do que a capacidade de um leopardo de mudar as suas manchas (Jr. 13.23).

Uma pessoa que está nessa condição precisa ser transformada pelo poder do Espírito Santo. Através do novo nascimento, o Espírito realiza uma nova criação em Cristo (2 Co. 5.17), passando a habitar no crente e a transformar a maneira de pensar e o comportamento dele. As perspectivas e os valores mudam, e o foco da atenção sai do eu e se posiciona em Cristo.

A palavra de Deus é essencial ao novo nascimento. Pedro afirmou: "Pois fostes regenerados não de semente corruptível, mas de incorruptível, mediante a palavra de Deus, a qual vive e é permanente... esta é a palavra que vos foi evangelizada" (1 Pe. 1.23, 25). O Espírito Santo opera através da Palavra para ativar a fé, o que resulta no novo nascimento (Rm. 10.17).

Fé implica em confiar somente em Cristo para a salvação. Muitas pessoas desejam adicionar outras exigências ao evangelho, tais como cerimônias religiosas, algum código de conduta, o ser membro de alguma igreja e assim por diante. Todas essas coisas não passam de obras humanas. A salvação não pode ser ganha por obras, mas é um dom da graça de Deus (Rm. 3.21-26). Ou seja, Deus não exige que nos reformemos como requisito prévio para sermos salvos. Ele nos justifica gratuitamente e, então, opera seu poder transformador para nos moldar à imagem de Cristo (2 Co. 3.18).

Antes de Nicodemos vir a Jesus, durante a noite (Jo. 3.2), ele era, sem dúvida, como os demais líderes religiosos de seu povo, vivendo conforme um código exterior de conduta religiosa, longe do genuíno amor de Deus (Jo. 8.42). Eles achavam que podiam ser salvos por meio das boas obras que praticavam. Mas Jesus destruiu essa ilusão, quando disse a Nicodemos que ele precisaria assumir o papel de um bebê espiritual, deixando de lado todo seu equívoco religioso e buscando a salvação novamente, mas desta vez nos termos de Deus.

Jesus ilustrou o que desejava ensinar ao referir-se a um evento muito conhecido da história de Israel. A certa altura da peregrinação de Israel pelo deserto, Deus mandou serpentes abrasadoras entre o povo, porque este havia falado contra Deus e contra Moisés. Muitos haviam sido picados e estavam morrendo. Quando Moisés intercedeu pelo povo, Deus o instruiu a colocar uma serpente de bronze numa haste. Os que contemplavam a serpente de bronze eram curados das picadas das serpentes (Nm. 21.5-9). Foi essa a imagem que Jesus trouxe à mente de Nicodemos: "E do modo por que Moisés levantou a serpente no deserto, assim importa que o Filho do homem seja levantado, para que todo o que nele crê tenha a vida eterna.

Porque Deus amou ao mundo de tal maneira que deu o seu Filho unigênito, para que todo o que nele crê não pereça, mas tenha a vida eterna" (Jo. 3.14-16).

Aquela serpente de bronze simbolizava a cura espiritual que vem para todos os que se voltam do pecado e olham para Jesus, que foi levantado numa cruz. Nicodemos havia sido picado pela serpente da justiça-própria e do legalismo religioso. Ele precisava reconhecer sua incapacidade e olhar exclusivamente para Cristo a fim de ser salvo.

O novo nascimento provê "uma viva esperança" (1 Pe. 1.3). Ela vive perpetuamente, porque está alicerçada no Deus vivo, que haverá de cumprir as promessas que fez (Tt. 1.2), e porque transcende a esta vida temporal. Paulo disse: "Porquanto, para mim, o viver é Cristo, e o morrer é lucro" (Fp. 1.21). A morte física simplesmente nos conduz à presença de Cristo, onde nossa esperança é eternamente realizada. Os crentes jamais precisam temer o túmulo, pois Cristo venceu a morte e outorgou uma viva esperança para todos os que O amam.

Nossa esperança também é viva porque está alicerçada na ressurreição de Jesus Cristo dentre os mortos (1 Pe 1.3). Jesus disse: "Porque eu vivo, vós também vivereis" (Jo. 14.19); e: "Eu sou a ressurreição e a vida. Quem crê em mim, ainda que morra, viverá" (Jo. 11.25). Então, Ele ressuscitou Lázaro dentre os mortos para comprovar esta afirmação (Jo. 11.43-44).

A Natureza de Nossa Herança

Pedro usou três termos negativos para descrever a perfeição positiva de nossa herança: "Incorruptível, sem mácula, imarcescível" (1 Pe. 1.4). A palavra grega traduzida por "incorruptível" (*aphthartos*) fala de algo que não pode ser corrompido, algo que é permanente. A palavra evoca a imagem de uma terra devastada por um exército conquistador. Pedro, então, está dizendo que nossa herança eterna não pode ser pilhada ou saqueada por nossos inimigos espirituais.

"Sem mácula" (*amiantos*, no grego) significa não poluído ou manchado pelo pecado, mal ou deterioração. Ao contrário deste mundo, no qual nada escapa da contaminação do pecado (Rm. 8.20-23), nossa herança não pode, jamais, ser contaminada, poluída ou, de algum modo, corrompida. Ela é imaculada, impossível de ser manchada pela presença ou pelos efeitos do pecado (Ap. 21.27).

"Imarcescível" (ou, que não murcha) vem de um termo grego usado para referir-se a flores. Neste contexto, sugere uma beleza sobrenatural que o tempo não pode diminuir. Pedro usou o termo para se referir à imarcescível coroa de glória que os pastores fiéis receberão, quando o Supremo Pastor se manifestar (1 Pe. 5.4).

Esses três termos retratam a herança celestial que não pode ser atingida pela morte, pelo pecado e pelos efeitos do tempo. Levando-se em conta as influências do pecado que corrompem e condenam este mundo, é maravilhoso saber que a nossa herança em Cristo é eterna e jamais diminuirá.

A Segurança de Nossa Herança

A herança do crente está "reservada nos céus", e ele é guardado "pelo poder de Deus, mediante a fé, para a salvação preparada para revelar-se no último tempo" (1 Pe. 1.4-5). É necessário que jamais temamos a perda de nossa herança, visto que ela está debaixo do vigilante cuidado do próprio Deus.

Nossa herança não está apenas sendo cuidada pelo próprio Deus, mas Ele faz isso no mais seguro de todos os lugares: o céu, "onde traça nem ferrugem corrói, e onde ladrões não escavam, nem roubam" (Mt. 6.20), e onde "jamais penetrará coisa alguma contaminada, nem o que pratica abominação e mentira, mas somente os inscritos no Livro da Vida do Cordeiro" (Ap. 21.27). E fora do céu "ficam os cães, os feiticeiros, os impuros, os assassinos, os idólatras e todo aquele que ama e pratica a mentira" (Ap. 22.15). Ninguém jamais haverá de invadir ou saquear o céu. Portanto, nossa herança está eternamente segura.

Muitos crentes confiam que Deus é capaz de guardar a herança deles, mas duvidam que Ele possa *guardá-los*. Temem que, de alguma forma, perderão sua salvação e frustrarão as promessas de Deus. Essa é uma visão bastante comum, mas ela esquece o fato de que Deus protege não apenas a nossa herança — Ele *nos* protege também! Pedro afirma: "Vós outros que sois guardados pelo poder de Deus, mediante a fé, para a salvação preparada para revelar-se no último tempo" (1 Pe. 1.4-5).

A palavra traduzida por "guardados" é um termo militar que se refere a uma sentinela. Pedro utilizou o tempo presente do verbo para indicar que nós estamos continuamente debaixo de proteção. A implicação aqui é que nós precisamos de proteção contínua, porque estamos em constante batalha contra Satanás e suas hostes.

É o soberano e onipotente poder de Deus que nos guarda e assegura nossa vitória final. Deus, o supremo Juiz, nos justificou em Cristo, tornou-nos herdeiros com Ele e nos outorgou o seu Espírito para assegurar que a boa obra que Ele começou em nós será terminada (Fp. 1.6). Ele é capaz de nos guardar de tropeços e nos "apresentar com exultação, imaculados diante da sua glória" (Jd. 24). Nem mesmo Satanás pode nos condenar (Rm. 8.33); portanto, em lugar de recearmos a perda de nossa herança, devemos continuamente nos regozijar na grande graça e misericórdia de Deus.

Outra garantia da herança é nossa fé perseverante. Pedro diz que somos protegidos pelo poder de Deus "mediante a fé" (1 Pe. 1.5). Fé é dom de Deus; nós não a geramos por nós mesmos (Ef 2.8-9). A fé é originada pela graça, sustentada pela graça e ativada pela graça. A graça penetra na alma do crente, gerando e mantendo a fé. É somente pela graça de Deus que cremos em Cristo, e é pela graça que permanecemos crendo.

Tesouro ou Lixo?

Nossa herança é algo glorioso. Nada há neste mundo que se compare a ela. Mas, podemos perdê-la de vista por buscarmos coisas mundanas e por procurarmos satisfação instantânea. Caros amigos, não colecionem o lixo deste mundo nem negligenciem o tesouro de nossas indescritíveis riquezas em Cristo. Não importa a circunstância em que você esteja, pense na sua herança eterna. Medite nela. Permita que ela encha seu coração de louvor Àquele que estendeu tal graça a você. Deixe que ela o motive a viver para a glória dEle. Não corra atrás de instantâneos — alguma solução mundana aos problemas passageiros da vida. As provações deste mundo não se comparam à eterna glória. E nunca esqueça que você tem Cristo, que é todo-suficiente em tudo, agora e para sempre.

Capítulo 3

Necessita Deus de um Psiquiatra?

Com efeito, os teus testemunhos são o meu prazer, são os meus conselheiros.

Salmos 119.24

Também isso procede do Senhor dos Exércitos; ele é maravilhoso em conselho e grande em sabedoria.

Isaías 28.29

Necessita Deus de um Psiquiatra?

Em 1980, a *Grace Community Church* (Igreja Comunidade da Graça) foi alvo de um processo judicial que acusava de negligência os pastores da igreja, porque havíamos procurado ajudar um jovem com tendências suicidas, por meio de verdades bíblicas. Foi o primeiro caso de negligência clériga de que se tem notícia no sistema judicial da América do Norte. A mídia secular teve nisso um verdadeiro prato cheio, pois o caso se estendeu por anos. Alguns telejornais chegaram a noticiar, em rede nacional, que nossa igreja havia encorajado o jovem a se suicidar, ensinando-o que o suicídio era um caminho certo para o céu. É claro que isso não é verdade. Ele sabia muito bem, através das Escrituras, que o suicídio é errado. Nós o encorajamos a permitir que a Palavra de Deus o conduzisse a um conhecimento íntimo e à apropriação dos recursos disponíveis nAquele que queria curar sua mente perturbada. Ele tragicamente se recusou a aceitar nosso conselho e tirou a sua própria vida.

Uma das principais questões que se levantou foi se as igrejas deveriam ter o direito legal de aconselhar, mediante a Bíblia, pessoas perturbadas. Muitos diriam que dar conselhos bíblicos a alguém é uma maneira simplista de aconselhamento. As pessoas tendem a dizer que a Bíblia serve bem para as pessoas normais, mas pessoas que têm problemas *reais* precisam da ajuda de um especialista em psicologia.

Assim, esse processo judicial procurou defender a postura de que os conselheiros da igreja estavam obrigados a encaminhar pessoas seriamente deprimidas e com tendências suicidas a profissionais do ramo de saúde mental. Procurar aconselhar tais pessoas mediante a Bíblia implicaria em irresponsabilidade e negligência, e, por tal atitude, os conselheiros da igreja deveriam ser considerados moral e legalmente culpados.

A verdade que prevaleceu no tribunal recebeu pouca ou nenhuma cobertura nos noticiários de rede nacional. Houve testemunho no sentido de que o jovem em questão *estava* debaixo do cuidado de um psiquiatra. Além da orientação bíblica que ele recebera de nossa equipe pastoral, ele *havia procurado* tratamento psiquiátrico. Ademais, ficou evidente que nossa equipe o havia orientado no sentido de ser examinado por vários médicos, para se certificar de que a depressão dele não tinha causas orgânicas ou químicas. Ele passou por todo tipo de terapia disponível, mas ainda assim resolveu tirar a própria vida. Fizemos tudo que estava ao nosso alcance para ajudá-lo; ele rejeitou nosso conselho e voltou as costas para a suficiência espiritual em Cristo.

Os tribunais não apenas levaram em conta o direito da Primeira Emenda da Constituição, que declara a liberdade religiosa, na qual o governo não deveria se intrometer, e nós ganhamos a causa nas três instâncias, como também os juízes expressaram opinião no sentido de que a igreja não havia falhado quanto a sua responsabilidade de dar ao jovem o atendimento adequado. O veredicto por eles emitido declarou que nossa equipe fez mais do que simplesmente cumprir suas obrigações legais e morais, ao procurar ajudar o jovem que havia buscado nosso conselho. A promotoria apelou para a Suprema Corte dos Estados Unidos. A Suprema Corte recusou-se a ouvir o caso, permanecendo, portanto, a sentença do Tribunal Estadual da Califórnia, que havia inocentado a igreja. O mais importante disso tudo foi o fato de que este caso reafirmou o direito constitucional da igreja aconselhar com a Bíblia, estabelecendo um precedente legal para evitar que tribunais seculares intrometam-se na área de aconselhamento da igreja.

A Profissionalização do Ministério de Aconselhamento

Infelizmente, o privilégio de aconselhar pessoas com a verdade bíblica pode estar, de algum modo, correndo perigo — não por qualquer barreira legal imposta por entidades fora da igreja, mas por causa da atitude para com as Escrituras existente dentro da própria igreja. Durante o processo descrito, vários especialistas foram chamados para depor. O mais surpreendente para mim foi ouvir os chamados psicólogos e psiquiatras cristãos afirmarem que a Bíblia em si não possui elementos suficientes para satisfazer as profundas necessidades emocionais da pessoa. Tais homens estavam argumentando, diante de um tribunal secular, que a Palavra de Deus não é um recurso adequado para aconselhar pessoas quanto a seus problemas espirituais! O que é realmente estarrecedor é o número de evangélicos dispostos a ouvir o que tais "profissionais" têm a dizer.

Durante os últimos anos têm surgido um grande número de clínicas psicológicas evangélicas. Embora a maioria delas reivindique oferecer aconselhamento bíblico, quase todas meramente ministram psicologia secular camuflada com terminologia espiritual. Além disso, elas estão tirando o aconselhamento bíblico de seu lugar próprio, a igreja, condicionando os cristãos a se verem como incompetentes para aconselhar. Muitos pastores, sentindo-se inadequados para a tarefa e, quem sabe, até temerosos de processos judiciais por "negligência clériga", prontamente passam tais casos aos "profissionais", permitindo que estes assumam a tarefa que costumava ser parte vital do ministério pastoral. Muitos têm comprado a mentira de que uma parte crucial de sabedoria existe fora das Escrituras e do relacionamento que alguém pode ter com Jesus Cristo, e também a mentira de que alguma idéia ou técnica, oriunda dessa parte extrabíblica, detém a verdadeira chave para ajudar as pessoas em seus problemas profundos.

A verdadeira psicologia ("o estudo da alma") pode ser praticada somente por cristãos, pois só estes têm os recursos para a compreensão e a transformação da alma. Visto que a psicologia secular se baseia em pressupostos ateístas e em fundamentos evolucionistas, ela está apta para lidar com pessoas num nível apenas superficial e temporal. Os Puritanos, muito antes do nascimento da psicologia ímpia, identificaram seu ministério com pessoas como sendo "um trabalho da alma".

As Escrituras são o manual para todo "trabalho da alma" e são tão abrangentes no diagnóstico e no tratamento de cada questão espiritual que, aplicadas pelo Espírito Santo no crente, resultam na transformação das pessoas à imagem de Jesus Cristo. Esse é o processo da santificação bíblica.

É correto que as pessoas procurem ajuda médica caso tenham uma perna quebrada, um rim problemático, uma cárie no dente ou qualquer outro mal físico. Também é correto que alguém escravizado pelo álcool, viciado em drogas, com dificuldades de aprendizado, traumatizado por estupro, incesto ou espancamento busque ajuda de alguém que o estimule a lutar e a vencer seu trauma.

Certas técnicas de psicologia humana servem para minimizar o trauma ou a dependência e para modificar o comportamento dos cristãos e dos não-cristãos, indistintamente. É possível encontrarmos certos tipos de doenças emocionais onde a raiz do problema é orgânica e onde certos tipos de medicação são necessários para estabilizar uma pessoa que, de outra forma, seria até perigosa. São problemas relativamente raros que, entretanto, não devem ser usados como exemplo para justificar o uso indiscriminado de técnicas da psicologia secular para problemas essencialmente espirituais. Lidar desse modo com as questões físicas e emocionais da vida *não* é santificação.

"Psicologia cristã", da forma que a expressão é usada hoje em dia, é um paradoxo. A palavra "psicologia" não expressa mais o estudo da alma; em vez disso, descreve uma coletânea de terapias e teorias que são, essencialmente, humanísticas. As pressuposições e a maior parte da doutrina da psicologia não se integram bem com a verdade cristã. Além do mais, a infusão da psicologia para dentro do ensino da igreja tem embaçado a linha divisória entre modificação e santificação.

A santificação espiritual é o caminho para a integridade. Será que voltaríamos, tolamente, as costas ao Maravilhoso Conselheiro, a fonte de água viva, para darmos atenção à carnal sabedoria terrena e às águas estagnadas do behaviorismo?

Nosso Senhor Jesus Cristo reagiu de forma perfeita e santa a todos os traumas, tentações e provações da vida humana — e estes foram mais severos sobre Ele do que sobre qualquer outro ser humano. Por isso, deve ficar claro que a vitória perfeita sobre todas as dificuldades da vida é resultante de sermos como Cristo.

Não há "trabalhador da alma" que possa elevar outra pessoa a um nível espiritual mais alto do que aquele em que Ele mesmo se encontra. Dessa forma, ser semelhante a Cristo é a suprema qualificação para os psicólogos.

Se alguém for um verdadeiro psicólogo cristão, haverá de fazer o trabalho da alma utilizando as coisas profundas da Palavra e do Espírito e não perdendo tempo com modificações superficiais do comportamento. Por que um crente deveria optar pelo caminho da modificação do comportamento, quando ele possui as ferramentas próprias para a transformação espiritual (tal como um cirurgião usando uma faca de mesa, em lugar de um bisturi)? O conselheiro mais capaz é aquele que, com muita prudência, fidelidade e oração, aplica a santificação divina, moldando seu semelhante à imagem de Jesus Cristo.

Talvez não haja ameaça mais séria à vida da igreja hoje do que a debandada para abraçar as doutrinas da psicologia secular. Elas são um emaranhado de idéias humanas que Satanás colocou dentro da igreja, como se fossem poderosas verdades de Deus e transformadoras de vida. A maioria dos psicólogos atuais são representantes do neognosticismo, reivindicando ter o conhecimento secreto que resolve os reais problemas das pessoas. Há até mesmo os psicólogos que alegam usar uma técnica terapêutica que intitulam de "Aconselhamento Cristão", mas, na realidade, eles se valem de teorias seculares para tratar problemas espirituais, adicionando nelas referências bíblicas.

O resultado disso é que pastores, professores, estudiosos da Bíblia e outros crentes sérios, que fazem uso da Palavra de Deus, são desdenhados como sendo conselheiros ingênuos, simplistas e completamente inadequados. Leitura bíblica e oração são freqüentemente desprezados como "respostas simplistas", tidas como incompletas para alguém que luta contra a depressão e a ansiedade. As Escrituras, o Espírito Santo, Cristo, a oração e a graça — essas são as soluções tradicionais que os conselheiros cristãos têm apresentado às pessoas. Mas o cristão de nossos dias tem chegado a crer que nenhuma dessas soluções realmente oferece oportunidade de cura para os infortúnios das pessoas.

Quão Científicas são as Ciências Behavioristas?

A psicologia não é um uniforme corpo de conhecimento científico, tal como a termodinâmica ou a química orgânica. Quando falamos em psicologia, estamos nos referindo a um complexo emaranhado de idéias e teorias, muitas das quais se contradizem. A psicologia nem sequer provou ser capaz de lidar eficazmente com a mente humana ou com os processos mentais e emocionais. Assim, dificilmente, pode ser considerada como ciência.

Muitos, tenho certeza, se oporão ao fato de eu classificar a psicologia como uma pseudociência. Mas é exatamente isso o que ela é — a mais recente das inúmeras invenções humanas projetadas para explicar, diagnosticar e tratar problemas de comportamento, sem tratar de questões de ordem moral e espiritual. Há pouco mais de um século, teve início um debate acerca de um tipo diferente de "ciência behaviorista" chamada frenologia. A frenologia dizia que as características da personalidade de uma pessoa eram determinadas pelo formato de seu crânio. Você talvez tenha se deparado com alguns velhos diagramas de frenologia; eram mapas da cabeça com áreas específicas rotuladas, mostrando qual região do cérebro determinava a existência de uma emoção ou de uma característica. O frenologista apalpava o crânio das pessoas e diagnosticava os problemas a partir da localização das saliências existentes.

E se você acha que as ciências behavioristas tiveram grandes avanços desde então, pergunte-se quão racional é cercar de travesseiros um adulto, deixando-o em posição fetal, de forma a regredi-lo às suas ansiedades pré-natais. Se tivesse de escolher, preferiria alguém apalpando o meu crânio.

Psicólogos modernos servem-se de centenas de modelos e técnicas de aconselhamento, que estão alicerçados em miríades de teorias conflitantes entre si; por isso é impossível falar de psicoterapia como se fora uma ciência consistente e unificada. Entretanto, os pontos de vista que cito abaixo, popularizados pela psicologia, provenientes da vasta substância no tanque psicológico, têm sido filtrados para dentro da igreja e estão gerando um efeito profundo e perturbador em sua abordagem para ajudar as pessoas:

- A natureza humana é basicamente boa.
- As pessoas possuem em si mesmas as respostas para seus problemas.
- A chave para se entender e corrigir as atitudes e ações de uma pessoa reside em algum ponto de seu passado.
- Os problemas de uma pessoa resultam de algo que alguém fez a ela.
- Os problemas humanos podem ser meramente psicológicos quanto à sua natureza, não vinculados a quaisquer condições espirituais ou físicas.
- Problemas profundos só podem ser resolvidos por conselheiros profissionais que usam terapia.
- As Escrituras, a oração e o Espírito Santo são recursos simplistas e inadequados para a resolução de certos tipos de problemas.

Ironicamente, antes mesmo da igreja se tornar tão fascinada pela "ciência behaviorista", aqueles que a conheciam de perto começaram a questionar se a psicoterapia chega a ser uma ciência. Alguns anos atrás, a revista *Time* publicou um artigo de capa intitulado "A Psiquiatria no Divã". Ele dizia:

Em todas as frentes, os psiquiatras parecem estar na defensiva... Muitos psiquiatras querem abandonar o tratamento dos neuróticos do dia-a-dia às mãos de psicólogos e de terapeutas populares e amadores. Afinal de contas, será que é necessário estudar arduamente para se conseguir um doutorado... a fim de papear solidariamente e dizer ao paciente que ele é exigente demais consigo mesmo? E, se a psiquiatria é um tratamento médico, por que seus praticantes não conseguem obter os mesmos mensuráveis resultados científicos obtidos por outros tipos de médicos?

Os próprios psiquiatras reconhecem que sua profissão tem cheiro de alquimia moderna, repleta de jargões, ofuscação e mistificação, mas carente de verdadeiro conhecimento...

Como sempre, os psiquiatras são os críticos mais severos de si mesmos. Thomas Szasz, há muito o mais franco e enfadonho da profissão, insiste em que não há tal coisa como a doença mental, apenas os problemas normais do viver. E. Fuller Torrey, outro psiquiatra antipsiquiatra, está pronto a consentir que existem algumas poucas doenças do cérebro, como a esquizofrenia, mas afirma que elas podem ser tratadas com um punhado de comprimidos que poderiam ser ministrados por médicos ou mesmo por médicos residentes... Em contraste, o psiquiatra e poeta escocês, R.D. Laing, está convicto de que a esquizofrenia é real e que ela faz bem. Laing explica: É como uma epifania psicodélica, muito acima da experiência normal.

Até mesmo os profissionais mais convencionais não têm certeza se podem diferenciar os insanos dos sãos.[1]

O artigo prossegue alistando os fracassos da psiquiatria, salientando que "de todos os pacientes, um terço é, eventualmente, curado, outro terço recebe alguma ajuda e o último terço fica como sempre esteve".² Mas o artigo continua declarando:

> O problema está no fato de que a maioria das terapias, incluindo algumas bizarras, também reivindicam alguma melhora em dois terços dos pacientes. Os críticos alegam que muitos pacientes buscam a análise após uma experiência traumática, como um divórcio ou a morte de um ente querido, e já estão predispostos à melhora quando o choque tiver passado. Um estudo mostra melhoras em pessoas que simplesmente estavam na lista de espera, aguardando tratamento psicanalítico; presume-se que a simples decisão de ir a busca de tratamento já ajuda.³

O artigo termina com um prognóstico pessimista, feito por Ross Baldessarini, um psiquiatra e bioquímico do *Mailman Research Center*. Ele declarou à revista *Time*: "A nossa previsão é que, no futuro, não encontraremos as causas e curas para as doenças mentais ".⁴

Vários anos depois, uma conferência realizada em Phoenix, no Arizona, reuniu as maiores autoridades em psicologia num evento que foi considerado a maior reunião do gênero, em todos os tempos. A conferência, chamada de "A Evolução da Psicoterapia", reuniu 7.000 especialistas em saúde mental, vindos de todas as partes do mundo. Esta foi a maior reunião da história a respeito do assunto, sendo, por isso, chamada de o *Woodstock* da psicoterapia. Dali surgiram várias revelações estonteantes.

O jornal *Los Angeles Times*, por exemplo, citou Laing que "disse não conseguir lembrar de que tivesse surgido, depois de um século de psicoterapia, qualquer critério fundamental das relações humanas"; e mais: "Não creio que tenhamos ido além de Sócrates, Shakespeare, Tolstoy ou até mesmo Flaubert com 15 anos de idade".⁵ Laing ainda acrescentou:

> Não creio que a psiquiatria seja uma ciência. Não é como a química ou a física onde edificamos um corpo de conhecimento e progresso.

Laing disse que em sua presente luta pessoal contra a depressão, sussurrar uma melodia conhecida (ele prefere uma intitulada "Continue Firme até o Fim da estrada"), às vezes, é de maior proveito do que qualquer coisa que a psicoterapia ofereça.[6]

A revista *Time*, relatando acerca da conferência, salientou que em um painel de discussão sobre a esquizofrenia, três em cada quatro especialistas declararam não haver tal doença.[7]

R. D. Laing, a voz predileta dos estudantes rebeldes dos anos 60, mantém sua opinião romântica a respeito dos esquizofrênicos como sendo vítimas corajosas que estão resistindo a uma cultura cruel. Ele sugeriu que muitos são diagnosticados como esquizofrênicos simplesmente porque dormem durante o dia e ficam acordados durante a noite. A esquizofrenia jamais existiu até a palavra ser inventada, ele afirmou... Ao participar de um painel, mais tarde, Laing ouviu uma mulher perguntar como ele lidaria com esquizofrênicos. Laing enrolou e protelou durante 27 minutos e, por fim, ofereceu o único tratamento possível às pessoas que ele não vê como doentes: "Eu as trato exatamente como trato qualquer outra pessoa. Eu me comporto pelas regras básicas de educação e cortesia".[8]

Na conferência, uma verdade claramente surgiu: entre os terapeutas existe pouca concordância. Não existe uma "ciência" unificada chamada psicoterapia; apenas uma cacofonia de teorias e terapias discordantes. O Dr. Joseph Wolpe, um destacado pioneiro na terapia behaviorista, caracterizou a conferência de Phoenix como "uma babel de vozes conflitantes".[9]

E, sem dúvida, ela foi. Um especialista, Jay Haley, descreveu uma de suas técnicas, a qual denominou de "cachorro peludo". Certamente ele quer dizer que sua técnica é semelhante a um animal fofo que parece ser gordo, até ficar molhado — parece haver mais substância do que na realidade existe. Veja como ele retrata a terapia:

Leve o paciente a assumir um compromisso absoluto com a mudança, então garanta a cura sem dizer ao paciente o que ela é, durante várias semanas. "Uma vez que você a adia, você nunca os perde como pacientes. Eles precisam descobrir o que é a cura", ele afirmou. Foi dito a uma mulher que sofria de bulimia, que comia vorazmente e vomitava de 5 a 25 vezes por dia, que ficaria curada se desse um centavo ao terapeuta na primeira vez que vomitasse e se dobrasse o valor a cada vez que reincidisse. Haley diz: "Tais pessoas descobrem rapidamente que esse dobrar é tão rápido que, em breve, estarão devendo ao terapeuta centenas de milhares de dólares... então param".[10]

Jeffrey Zeig, organizador da conferência, afirmou que existem aproximadamente uma centena de teorias diferentes só nos Estados Unidos. E a maioria delas, afirmou ele, "estão fadadas ao fracasso".[11]

Os psicólogos não apenas vendem supostas curas por preços exorbitantes, mas também inventam doenças para as quais as curas são necessárias. A estratégia comercial deles tem sido bem sucedida. Inventam problemas ou dificuldades, insistem neles até que as pessoas crêem que estão irremediavelmente afligidas e, então, mascateiam um remédio. Alguns dos supostos problemas de nossa cultura são pateticamente triviais. Auto-imagem, aparência, dependência, abuso emocional, crises da meia-idade, expectativas frustradas — as "enfermidades" de hoje já foram, no passado, vistas acuradamente como os males do egoísmo. O egocentrismo se tornou um trunfo na estratégia comercial dos psicoterapeutas. Fomentando a tendência natural das pessoas rumo à auto-indulgência, a psicologia tem se vendido a um público ávido e impaciente. E a igreja tem, de forma insensata, se lançado nesta idéia.

A psicologia não é mais ciência do que a ateística teoria da evolução, a qual lhe serve de base. Assim como a evolução teísta, a "psicologia cristã" é uma tentativa de harmonizar dois sistemas de pensamento inerentemente contraditórios. Não há como se misturar a psicologia moderna e a Bíblia sem um sério prejuízo, ou o completo abandono, do princípio da suficiência das Escrituras. Embora tenha se tornado um negócio lucrativo, a psicoterapia não consegue resolver os problemas espirituais de quem quer que seja. Quando muito, ela pode ocasionalmente fazer uso da percepção humana para modificar superficialmente o comportamento. Ela é um sucesso ou um fracasso para cristãos e não-cristãos igualmente, porque não passa de um ajuste temporal, uma espécie de "quiropraxia mental". Ela não tem poder para mudar o coração humano, e até mesmo os especialistas reconhecem isso.

O Fracasso da "Psicologia Cristã"

Enquanto isso, entretanto, a atitude reinante na igreja é a de ser, mais do que nunca, aberta à psicoterapia. Se a mídia cristã serve como barômetro para a igreja como um todo, uma mudança dramática está em andamento. Emissoras de rádio evangélicas, por exemplo, outrora fortalezas de ensinamentos bíblicos e música cristã, estão agora repletas de entrevistas, psicologia popular e psicoterapia por telefone. Pregar a Bíblia está fora de moda. Os psicólogos e os conselheiros que se utilizam das emissoras de rádio são os novos heróis do evangelicalismo. As emissoras de rádio evangélicas são a ferramenta de propaganda mais eficaz para a venda da psicologia — o que gera milhões de dólares em retorno para tais emissoras.

A igreja está, por assim dizer, ingerindo doses maciças do dogma da psicologia, adotando a "sabedoria" secular e tentando santificá-la, chamando-a de cristã. Os valores mais fundamentais do evangelicalismo, portanto, estão sendo redefinidos. "Saúde mental e emocional" é a nova moda. Não se trata de um conceito bíblico, embora muitos pareçam equalizá-lo com a integridade espiritual. O pecado recebe o nome de doença, de forma que as pessoas acham que precisam de terapia e não de arrependimento. O pecado habitual recebe o nome de vício ou de comportamento compulsivo, e muitos presumem que a solução está no cuidado médico e não na correção moral.

As terapias humanas são abraçadas com avidez pelos espiritualmente fracos, aqueles que são superficiais ou ignorantes no tocante à verdade bíblica e que não estão dispostos a aceitar o caminho do sofrimento que conduz à maturidade espiritual e a uma comunhão mais profunda com Deus. O infeliz efeito disso é que as pessoas permanecem imaturas, ficam presas a uma dependência auto-imposta, a algum método pseudo-cristão ou ao psicocharlatanismo, o que, em última análise, asfixia o crescimento genuíno.

Quanto mais a psicologia secular influencia a igreja, tanto mais o povo se afasta de uma perspectiva bíblica quanto a problemas e soluções. O terapeuta, com o seu aconselhamento individual, está substituindo a pregação da Palavra, o principal meio da graça de Deus (1 Co. 1.21; Hb. 4.12). O conselho que tais profissionais dispensam é freqüentemente desastroso. Há pouco tempo, ouvi consternado um psicólogo cristão que, num programa de rádio, aconselhava um ouvinte a expressar ira contra o seu terapeuta, através de gestos obscenos. "Vá em frente!", ele aconselhou. "Trata-se de uma honesta expressão de seus sentimentos. Não procure guardar ira em seu interior."

"E os meus amigos?", perguntou o ouvinte. "Será que eu devo reagir assim com todos eles, quando fico irado?"

"É claro que sim!", respondeu o conselheiro. "Você pode fazer isso a qualquer um, sempre que sentir vontade. Só não o faça àqueles que você acha que não o compreenderão; eles não seriam bons terapeutas para você." Isso é uma paráfrase. Eu tenho a fita cassete de todo o programa, e o que aquele conselheiro sugeriu foi bem mais explícito, a ponto de ser inadequado registrar aqui.

Naquela mesma semana, ouvi outro programa evangélico bastante popular, que oferece aconselhamento ao vivo para aqueles que telefonarem de qualquer parte do país. Uma mulher telefonou para relatar que, por anos, tivera problemas de fornicação compulsiva.

Ela disse que ia para a cama com "qualquer um e com todos" e se sentia impotente para mudar o seu comportamento.

O conselheiro sugeriu que a forma de agir dela era sua maneira de revidar, um resultado das feridas impostas por um pai passivo e uma mãe autoritária. "Não existe um caminho simples para a recuperação", disse o rádio-terapeuta. "Seu problema não irá embora imediatamente; trata-se de um vício, e esse tipo de coisa requer aconselhamento prolongado. Você precisará de anos de terapia para vencer sua necessidade por sexo ilícito". Então, sugeriu que ela procurasse uma igreja que fosse tolerante, enquanto ela labutasse para sair daquelas "feridas dolorosas", que a estavam "fazendo" praticar a fornicação.

Que tipo de conselho é esse? Primeiramente, o conselheiro deu à mulher permissão para adiar a obediência a um claro mandamento das Escrituras: "Fugi da impureza" (1 Co. 6.18; 1 Ts. 4.3). Em segundo lugar, ele culpou os pais dela e justificou a vingança dela contra eles. Em terceiro, parece ter sugerido que ela podia ir parando gradualmente com seu pecado, sob a alegação de terapia, é claro.

Além do mais, comunicou à sua audiência nacional a clara mensagem de que ele não tem qualquer confiança no poder do Espírito Santo para transformar imediatamente o coração e o comportamento de uma pessoa. Pior ainda, encorajou as igrejas a serem tolerantes com pecados sexuais até que a terapia comece a funcionar.

Contraste os conselhos emitidos por estes dois conselheiros com a profunda simplicidade de Gálatas 5.16: "Andai no Espírito e jamais satisfareis à concupiscência da carne". Será que realmente cremos que anos de terapia podem trazer uma pessoa ao ponto de andar no Espírito? É claro que não, se o terapeuta for alguém que recomenda gestos obscenos, arrependimento procrastinado e igrejas tolerantes com a imoralidade crônica! Não há justificativa bíblica para tal conselho; aliás, isso contradiz frontalmente a Palavra de Deus. O apóstolo Paulo disse à igreja em Corinto que entregasse o adúltero a Satanás, excluindo-o da igreja (1 Co. 5.1-13).

Sou grato a Deus por homens e mulheres na igreja que dependem da Bíblia para aconselhar outros. Sou igualmente grato por conselheiros piedosos que insistentemente recomendam a oração às pessoas atribuladas e indicam-lhes as Escrituras, Deus e a plenitude dos recursos dEle para cada necessidade.

Não tenho qualquer dificuldade com aqueles que usam o bom senso ou as ciências sociais como plataformas úteis a um observador da conduta humana e desenvolvem meios para dar assistência a pessoas que precisam obter controle externo de seu comportamento. Isso pode até ser um primeiro passo para se obter a verdadeira cura espiritual. Mas um conselheiro sábio reconhece que todo tipo de terapia behaviorista pára logo na superfície, ficando aquém das verdadeiras soluções para as reais necessidades da alma, que são satisfeitas somente em Cristo.

Por outro lado, eu não mostro qualquer tolerância para com aqueles que exaltam a psicologia acima das Escrituras, da intercessão e da perfeita suficiência de nosso Deus. Não tenho qualquer palavra de encorajamento para as pessoas que desejam misturar psicologia aos recursos divinos, a fim de vender tal mistura como uma espécie de elixir espiritual. A metodologia de tais pessoas resume-se num reconhecimento tácito de que o que Deus nos deu, em Cristo, não é realmente adequado para satisfazer as nossas reais necessidades e curar nossas vidas atribuladas.

Deus mesmo não tem em grande estima os conselheiros que reivindicam representá-Lo, mas que, na realidade, dependem de sabedoria humana. Jó 12.17-20 afirma:

> Aos conselheiros, leva-os despojados do seu cargo [sinal de humilhação]. E aos juízes faz desvairar. Dissolve a autoridade dos reis, e uma corda lhes cinge os lombos. Aos sacerdotes, leva-os despojados do seu cargo. E aos poderosos transtorna. Aos eloqüentes ele tira a palavra e tira o entendimento aos anciãos.

A sabedoria de Deus é tão vastamente superior à dos homens que os maiores conselheiros humanos tornam-se ridículos. Os versículos 24 e 25 acrescentam:

Tira o entendimento aos príncipes do povo da terra e os faz vaguear pelos desertos sem caminho. Nas trevas andam às apalpadelas, sem terem luz, e os faz cambalear como ébrios.

Se houve alguém que teve de agüentar a insensatez de conselheiros humanos bem-intencionados, essa pessoa foi Jó. Os conselhos irrelevantes e inúteis, ouvidos por Jó, foram tão pesarosos quanto as aflições satânicas pelas quais ele passou.

O abismo ao qual a psicoterapia "santificada" pode descer é realmente profundo. Recentemente, um jornal local trouxe um artigo acerca de uma clínica, com trinta e quatro leitos, que foi aberta no sul da Califórnia, para tratar de "cristãos viciados em sexo".[12] (A razão pela qual uma clínica desse tipo precisa de leitos me foge à compreensão.) De acordo com o artigo, a clínica está ligada a uma grande e conhecida igreja protestante da região. A equipe dessa clínica inclui especialistas que foram descritos como "verdadeiros pioneiros na área [de vício sexual]. Eles são todos psicoterapeutas legítimos, devidamente licenciados e que dispensam à terapia uma orientação fortemente cristã", assim informou o diretor da clínica.[13]

Será que a orientação "cristã" deles é sólida o suficiente para permitir que os psicoterapeutas admitam que a lascívia é pecado? É evidente que não. Vários deles foram entrevistados para o artigo. Eles constantemente se referiram a essa questão como *doença, conflito, comportamento compulsivo, tratamento* e *terapia*. Palavras que tivessem implicações morais foram cuidadosamente evitadas. Pecado e arrependimento em ocasião alguma foram mencionados.

Pior ainda, estes chamados "especialistas" zombaram do poder da Palavra de Deus para transformar um coração e quebrar a escravidão ao pecado sexual. O artigo citou o diretor da programação da clínica, que explicou porque ele crê que seu centro de tratamento especificamente dirigido a cristãos é tão crucial: "Há alguns tipos de cristãos que crêem que a Bíblia é tudo que se precisa".[14]

Essa afirmativa é um eco do neognosticismo. Ao menosprezar aqueles que crêem que a Bíblia é suficiente, essas "nuvens sem água" (Jd. 12) insistem que são possuidores de um conhecimento secreto, sofisticado e mais elevado, que detém a verdadeira resposta às angústias da alma humana. Não se deixem intimidar pelas falsas afirmações que eles fazem. Não há qualquer conhecimento mais elevado, não há qualquer verdade secreta, nada existe, além dos todo-suficientes recursos que encontramos em Cristo, que sejam capazes de mudar o coração humano.

Levar o aconselhado à suficiência de Cristo precisa ser visto como o alvo dos esforços de todo conselheiro que deseja honrar a Deus e ser eficaz em seu aconselhamento. A idéia de que o homem é capaz de resolver seus próprios problemas, ou que as pessoas podem ajudar-se mutuamente, através de "terapia" ou outros meios humanos, nega a doutrina da depravação total do homem e nega também sua necessidade de Deus. Ela substitui o poder transformador do Espírito pela impotente sabedoria humana.

1. *Time,* 2-4-1979, p. 74.
2. Ibid., p. 79.
3. Ibid.
4. Ibid., p. 82.
5. Ann Japenga, "Great Minds on the Mind Assemble for Conference", *Los Angeles Times,* 18-12-1985, p. (vi) V1.
6. Ibid., p. V17.
7. "A Therapist in Every Corner", *Time,* 23-12-1985, p. 59.
8. Ibid.
9. Japenga, p. 16.
10. *Time,* 23-12-1985, p. 59.
11. Japenga, 16
12. Nicole Brodeur, "Center Aids Christian Sex Addicts", *Orange County Register,* 13-2-1989, p.1.
13. Ibid.
14. Ibid.

Capítulo 4

A Verdade em um Mundo de Teoria

Santifica-os na verdade; a tua palavra é a verdade.

João 17.17

É significativo que, nas Escrituras, um dos nomes de Cristo é "Maravilhoso Conselheiro" (Is. 9.6). Ele é o mais elevado e sublime, Aquele a quem devemos recorrer para recebermos conselho; sua Palavra é a fonte da qual devemos extrair a divina sabedoria. O que poderia ser mais maravilhoso do que isso? De fato, um dos aspectos mais gloriosos da perfeita suficiência de Cristo é o maravilhoso conselho e a grande sabedoria que Ele provê em nossos períodos de desespero, confusão, medo, ansiedade e pesar. Ele é o supremo Conselheiro.

Mas, ao afirmar isso, não estamos diminuindo a importância que há no aconselhamento mútuo entre os cristãos. Certamente, há uma necessidade crucial por ministérios de aconselhamento salutar e bíblico no corpo de Cristo. Eu não discutiria, nem por um momento, o importante papel daqueles que são espiritualmente dotados para oferecer encorajamento, discernimento, conforto, conselho, compaixão e ajuda aos outros. De fato, um dos problemas que fez surgir a atual praga do mau aconselhamento é que as igrejas não se saíram tão bem quanto deviam em auxiliar as pessoas que têm esses dons espirituais, a fim de que elas sirvam com excelência. As complexidades desta era moderna tornam mais difícil do que nunca tomar o tempo necessário para ouvir bem e servir aos outros por meio de afetuoso envolvimento pessoal, visando prover a comunhão íntima necessária para que a igreja goze de saúde e vitalidade.

As igrejas têm buscado na psicologia o preenchimento desta lacuna, mas isto não parece estar funcionando. Psicólogos profissionais não são substitutos para pessoas espiritualmente dotadas, e o aconselhamento que a psicologia oferece não pode substituir a sabedoria bíblica e o poder divino. Além do mais, a psicologia tende a tornar as pessoas dependentes de um terapeuta; porém, aqueles que exercem dons espirituais verdadeiros sempre encaminham as pessoas a um Salvador todo-suficiente e à toda-suficiente Palavra de Deus.

Um Salmo Sobre a Suficiência da Palavra de Deus

O Rei Davi foi um exemplo de alguém que ocasionalmente procurava a ajuda de conselheiros humanos, mas que, no final, sempre se dirigia a Deus em busca de respostas. Como revelam muitos dos salmos, ele era especialmente dependente de Deus quando lutava com problemas pessoais e com emoções. Ao ser tomado por depressão ou agitação interior, ele se voltava para Deus e lutava em oração. Quando o problema era seu próprio pecado, ele se arrependia, se quebrantava e, contristado, orava: " Examina-me, SENHOR, e prova-me; sonda-me o coração e os pensamentos" (Sl. 26.2). Os espiritualmente maduros sempre buscam a Deus para receberem ajuda, em tempos de ansiedade, aflição, confusão ou inquietude na alma, estando certos de que obterão sábio conselho e libertação.

Isso acontece porque toda necessidade da alma humana é, em última análise, espiritual. Não há tal coisa como um "problema psicológico" dissociado de causas espirituais ou físicas. Deus supre os recursos divinos suficientes para atender completamente a todas estas necessidades. Davi entendia isso. Seus escritos refletem a profundidade da experiência, emoção e discernimento espiritual de alguém que conhecera plenamente as circunstâncias extremas da vida. Ele conheceu a alegria de passar de pastor a rei. Ele escreveu a respeito de tudo, desde o triunfo absoluto até ao amargo desencorajamento. Ele lutou com dor tão profunda que mal podia agüentar viver. Seu próprio filho, Absalão, tentou matá-lo, vindo depois a ser morto. Davi sofreu de terrível culpa por causa de imoralidade e assassinato. Seus filhos lhe trouxeram constante tristeza. Ele lutou para entender tanto a natureza de Deus como seu próprio coração. Sobre Deus, ele disse: "Grande é o SENHOR" (Sl. 145.3); e acerca de si mesmo: "Lava-me completamente da minha iniqüidade e purifica--me do meu pecado" (Sl. 51.2). Ele contou para Deus aquilo que se passava em seu coração e clamou por alívio, embora admitisse que Deus tinha todo o direito de puni-lo.

No final de alguns de seus salmos, Davi vislumbrou uma esperança; porém, algumas vezes, ele nada viu. Entretanto, ele sempre buscava a Deus, porque entendia a sua própria depravação e a soberania de Deus. Ele sabia que somente seu todo-suficiente Salvador tinha as respostas para suas necessidades e poder para aplicar essas respostas. Ele sabia que as respostas deveriam ser achadas na verdade sobre Deus, revelada em sua Palavra, a qual é, em si mesma, perfeitamente suficiente. O Deus suficiente revelou--se em sua Palavra suficiente.

O Salmo 19.7-14 é a afirmativa mais monumental, feita em termos tão precisos, sobre a suficiência das Escrituras. Escrito por Davi, sob a inspiração do Espírito Santo, este salmo oferece um testemunho inabalável do próprio Deus sobre a suficiência de sua Palavra para cada situação. Este salmo contraria o ensinamento daqueles que crêem que devemos adicionar à Palavra de Deus a verdade colhida da psicologia moderna:

> *A lei do* SENHOR *é perfeita e restaura a alma;*
> *o testemunho do* SENHOR *é fiel e dá sabedoria aos símplices.*
> *Os preceitos do* SENHOR *são retos e alegram o coração.*
> *O mandamento do* SENHOR *é puro e ilumina os olhos.*
> *O temor do* SENHOR *é límpido e permanece para sempre; os juízos do* SENHOR *são verdadeiros e todos igualmente, justos. São mais desejáveis do que ouro, mais do que muito ouro depurado; e são mais doces do que o mel e o destilar dos favos.*
> *Além disso, por eles se admoesta o teu servo;*
> *em os guardar, há grande recompensa.*

Quem há que possa discernir as próprias faltas? Absolve-me das que me são ocultas. Também da soberba guarda o teu servo, que ela não me domine; então, serei irrepreensível e ficarei livre de grande transgressão. As palavras dos meus lábios e o meditar do meu coração sejam agradáveis na tua presença, SENHOR, rocha minha e redentor meu!

Com poucas palavras, o Espírito Santo nos dá uma lista abrangente das características e benefícios das Escrituras, cada qual merecendo nossa investigação detalhada.

Do versículo 7 ao 9, Davi faz seis declarações acerca das Escrituras. Cada característica das Escrituras inclui a expressão "do SENHOR". Ao revelar o propósito geral e múltiplo da Palavra de Deus, ele chama as Escrituras de "a lei do SENHOR", "o testemunho do SENHOR", "os preceitos do SENHOR", "o mandamento do SENHOR", "o temor do SENHOR" e "os juízos do SENHOR". Em cada caso, "SENHOR" traduz a palavra hebraica *Yahweh*, que é o nome sob o qual Deus faz aliança. Claramente Davi nos informa que as Escrituras provêm do próprio Deus.

Cada uma das seis afirmativas ressalta uma característica da Palavra de Deus e descreve os efeitos que ela produz na vida de quem a recebe.

A Escritura é perfeita e restaura a alma. Na primeira declaração (v.7), Davi afirma: "A lei do SENHOR é perfeita e restaura a alma". A palavra hebraica traduzida por "lei" é *torah*, que enfatiza a natureza didática das Escrituras. Aqui, Davi a usa para se referir às Escrituras como a totalidade do que Deus revelou para nossa instrução, quer seja credo (o que cremos), caráter (o que somos) ou conduta (o que fazemos).

"Perfeito" é a tradução de uma palavra hebraica comum que significa "inteira", "completa" ou "suficiente". Ela transmite a idéia de algo amplo, que cobre todos os aspectos de uma questão. O comentarista Albert Barnes escreveu:

> O significado [de "perfeito"] é que [a Escritura] de nada
> precisa para ser completa; nada para que ela possa ser o que
> deveria ser. Ela é completa como uma revelação da verdade
> divina; é completa como uma regra de conduta... Ela é abso-
> lutamente verdadeira, alcançando com perfeita sabedoria as
> necessidades do homem; é um guia inerrante de conduta. Nada
> existe na Escritura que leve os homens ao erro ou ao pecado.
> Tudo que é essencial para o homem saber pode ser encontrado
> na Palavra de Deus.[1]

A Escritura é abrangente, envolvendo tudo quanto é necessário para a vida espiritual de alguém. Infere-se que Davi contrasta a Palavra com o imperfeito, insuficiente e falho raciocínio dos homens.

A perfeita lei de Deus, disse Davi, afeta a pessoa, restaurando-lhe a alma (v.7). A palavra hebraica traduzida por "restaura" pode significar "converte", "revive" ou "refresca"; mas o meu sinônimo favorito é "transforma". A palavra "alma" (em hebraico, *nephesh*) se refere à pessoa, o eu, o coração de alguém. Ela é traduzida assim (e de muitas outras maneiras) no Velho Testamento. A essência dela é a pessoa interior, a pessoa inteira, o verdadeiro "eu". Parafraseando as palavras de Davi: *a Escritura é tão poderosa e abrangente que pode converter e transformar a pessoa toda, tornando-a em alguém precisamente como Deus quer que ela seja*. A Palavra de Deus é suficiente para restaurar, através da salvação, até a vida mais arrasada; disso o próprio Davi deu testemunho abundante.

A Escritura é fiel e dá sabedoria. Davi, ampliando o alcance da suficiência das Escrituras, escreve: "O testemunho do SENHOR é fiel e dá sabedoria aos símplices" (v.7). "Testemunho" fala das Escrituras como um depoimento divino. A Escritura é o fiel testemunho de Deus, mostrando quem Ele é e o que requer de nós. "Fiel" significa que o testemunho de Deus é inabalável, irremovível, inconfundível, seguro e digno de confiança. Ele provê um fundamento sobre o qual podemos construir nossa vida e destino eterno.

O apóstolo Pedro, em sua segunda carta, refletiu sobre seu tempo no monte da transfiguração, com todos os eventos sobrenaturais daquela maravilhosa ocasião (a majestosa glória de Cristo, a voz do céu e a aparição de Moisés e Elias — 1.16-18). Mas, apesar de tudo o que havia experimentado, ele disse: "Assim, temos ainda mais firme a palavra dos profetas" (v.19 — NVI).

Pedro afirmou, nessa frase, que o testemunho da Palavra escrita era uma confirmação mais segura e convincente da verdade divina do que tudo o que ele havia pessoalmente visto e ouvido na transfiguração de Cristo. Ao contrário de muitos hoje, que citam experiências místicas e espúrias, Pedro teve um verdadeiro encontro com Cristo em sua plena glória, no monte. Em contraste com aqueles que atualmente defendem milagres como a prova necessária do poder e da presença de Deus, Pedro voltou-se para as Escrituras como autoridade mais elevada e mais confiável até mesmo do que sua marcante experiência. O comentarista Samuel Cox escreveu:

> *Pedro conhecia uma base mais salutar para a fé do que a de sinais e maravilhas. Ele vira nosso Senhor Jesus Cristo receber honra e glória de Deus Pai, no monte santo. Ele ficara fascinado e fora arrebatado por visões e vozes do céu; no entanto, mesmo quando sua memória e coração estavam pulsando com as recordações daquela sublime cena, ele disse: "temos" algo mais certo ainda na palavra profética. Não fora através dos milagres que conhecera Cristo, mas através da palavra de Cristo, interpretada pelo Espírito de Cristo.*[2]

A Escritura é o resultado da obra do Espírito de Deus movendo-se sobre os autores humanos, para produzir sua Palavra na forma escrita (2 Pe. 1.20-21). Como tal, ela põe de lado até mesmo experiências apostólicas vividas com o próprio Jesus. Talvez seja por isso que Jesus impediu que os discípulos, na estrada de Emaús, O reconhecessem enquanto Ele "expunha-lhes o que a seu respeito constava em todas as Escrituras" (Lc. 24.27). Ele queria que a fé e a pregação deles fossem alicerçadas nas Escrituras, não apenas em sua experiência pessoal, ainda que tal experiência pudesse ter sido comovente ou memorável. Se isso era verdade quanto aos apóstolos, quanto mais deveriam os crentes, em nossos dias, procurar conhecer a Deus, ao invés de buscarem experiências sobrenaturais ou de êxtase. A experiência pode facilmente ser falsificada, mas as Escrituras não. Ela foi consumada e definitivamente entregue aos homens!

A fiel Palavra de Deus transforma o símplice em sábio (v.7). A palavra hebraica traduzida por "símplice" vem de uma expressão que significa "uma porta aberta". Ela evoca a imagem de uma pessoa ingênua que não sabe quando fechar sua mente contra o ensinamento falso e impuro. Ela não tem discernimento, é ignorante e influenciável. Mas a Palavra de Deus a torna sábia. "Sábio" fala não de alguém que meramente conhece um fato, mas de alguém que é habilidoso na arte do viver santo. Ele se submete às Escrituras e sabe aplicá-las às suas experiências. A Palavra de Deus, então, toma uma mente simples, sem discernimento, e a torna hábil em todas as questões da vida. Isto, também, está em contraste com a sabedoria dos homens, a qual, na realidade, é loucura (1 Co. 1.20).

A Escritura é correta e causa alegria. Davi acrescenta uma terceira declaração sobre a suficiência das Escrituras. "Os preceitos do SENHOR são retos e alegram o coração" (v.8). Preceitos são orientações e princípios divinos para o caráter e a conduta. Visto que Deus nos criou e sabe como devemos viver, a fim de sermos produtivos para sua glória, Ele pôs nas Escrituras todos os princípios que necessitamos para o viver santo.

Os preceitos de Deus, disse Davi, são "retos". Em vez de simplesmente indicar o que é reto, em oposição ao que é errado, essa palavra tem o sentido de mostrar a alguém o caminho verdadeiro. As verdades das Escrituras delineiam a trilha apropriada através do intrincado labirinto da vida. Essa é uma confiança maravilhosa. Tantas pessoas hoje estão aflitas ou abatidas porque carecem de direção e propósito. A maioria busca respostas em fontes erradas. A Palavra de Deus não somente fornece luz para o nosso caminho (Sl. 119.105), mas também determina a rota à nossa frente.

Visto que ela nos conduz num viver correto, a Palavra de Deus nos traz grande alegria. Se você está deprimido, ansioso, temeroso, duvidoso, aprenda a obedecer ao conselho de Deus e desfrute o prazer que disso resulta. Não se volte para a auto-estima e a auto-realização. Concentre-se na verdade divina. Nela você encontrará gozo verdadeiro e duradouro. Todas as outras fontes são superficiais e passageiras.

O salmista se voltava às Escrituras em busca de ajuda, quando estava desanimado e deprimido — "O que me consola na minha angústia é isto: que a tua palavra me vivifica" (Sl. 119.50). Novamente, isso fala contra a futilidade manifestada pelos homens, ao trilharem caminhos que não satisfazem, procurando a felicidade sem nunca conseguir encontrá-la.

Até mesmo Jeremias, o "profeta choroso", experimentou gozo em meio a tremenda angústia humana, porque a Palavra de Deus era sua alegria e o prazer do seu coração (Jr. 15.16).

A Escritura é pura e ilumina os olhos. O Salmo 19.8 dá uma quarta característica da absoluta suficiência da Escritura: "O mandamento do SENHOR é puro e ilumina os olhos". "Mandamento" enfatiza a natureza não-opcional da Bíblia. A Bíblia não é um livro de sugestões. Suas ordens divinas possuem autoridade e são obrigatórias. Aqueles que tratam essas ordens com leviandade se colocam em eterno perigo. Aqueles que as levam a sério encontram bênção eterna.

"Puro" poderia ser mais bem traduzido por "lúcido", pois a Escritura não é obscura, confusa ou enigmática. O sinônimo "claro" é melhor. A Palavra de Deus é uma revelação da verdade para tornar as coisas obscuras em claras, trazendo a eternidade em foco nítido. Certamente há coisas nas Escrituras que são difíceis de entender (2 Pe. 3.16). Mas, tomada como um todo, a Bíblia não é um livro confuso.

As Escrituras, por causa de sua absoluta clareza, trazem entendimento onde há ignorância, ordem onde há confusão e luz onde há escuridão espiritual e moral. Ela está em forte contraste com os confusos pensamentos dos homens não-redimidos, os quais, em si mesmos, são cegos e incapazes de discernir a verdade ou viver retamente. A Palavra de Deus claramente revela benditas e esperançosas verdades que eles nunca podem ver.

A Escritura é límpida e permanece para sempre. No verso 9, Davi usa a palavra "temor" como sinônimo para a palavra de Deus: "O temor do SENHOR é límpido e permanece para sempre". "Temor" fala da reverente admiração por Deus, a qual nos compele a adorá-Lo. A Bíblia, neste sentido, é o manual de Deus sobre como adorá-Lo.

A palavra hebraica traduzida por "límpido" fala da ausência de impureza, sujeira, contaminação ou imperfeição. A Escritura é eterna e inalteravelmente perfeita. Jesus afirmou: "Passará o céu e a terra, porém as minhas palavras não passarão" (Mc. 13.31). Isso garante que a Bíblia é permanente, imutável e, portanto, relevante para todos, em qualquer época da história. Ela sempre foi e sempre será suficiente.

Uma vez concordei em debater com um homem que liderava uma denominação "evangélica" homossexual. Indaguei: "O que você faz das condenações bíblicas a respeito da homossexualidade como pecado?"

"Oh! que é isso?", ele respondeu. "Todos sabem que a Bíblia não é psicologicamente atualizada e reflete as perspectivas do pensamento primitivo. A Bíblia é antiquada em sua teoria sociológica. Você não pode reportar-se a um documento antigo como este e esperar lidar com os problemas sociais do século vinte e um. A Bíblia deve ficar em seu próprio ambiente. Ela necessita ser atualizada com um entendimento contemporâneo de fenômenos psicológicos e sociológicos."

Deve entristecer muito a Deus quando as pessoas O caluniam, ao afirmarem que a Bíblia é desatualizada e que não é suficientemente moderna para nossa sociedade evoluída. A Escritura não precisa de atualização, reedição ou refinamento. Seja qual for o tempo ou cultura em que você vive, ela é eternamente relevante. Ela não precisa de ajuda nesse sentido; ela é pura, impecável e verdade inerrante; é duradoura; é a revelação de Deus para cada geração. Ela foi escrita pelo onisciente Espírito de Deus, que é infinitamente mais capacitado do que qualquer um que ouse julgar a relevância da Escritura para nossa sociedade, e infinitamente mais sábio do que todos os melhores filósofos, analistas e psicólogos cujas afirmações logo perdem seu significado e se tornam irrelevantes.

A Escritura é verdadeira e totalmente justa. O versículo 9 dá a característica e o efeito final da toda-suficiente Palavra de Deus: "Os juízos do Senhor são verdadeiros e todos igualmente justos". "Juízos", nesse contexto, significam ordenanças ou veredictos divinos que procedem do trono do supremo Juiz da terra. A Bíblia é o padrão de Deus para julgar a vida e o destino eterno de toda criatura.

Os incrédulos não podem saber o que é a verdade, porque estão cegos em relação à Palavra de Deus. Sendo enganados por Satanás, eles buscam em vão a verdade espiritual. Mas, à parte da Palavra de Deus não podem descobrir a verdade absoluta sobre as coisas que realmente importam: a origem e o propósito da vida, moralidade, valores, vida, morte, destino, eternidade, céu, inferno, verdadeiro amor, esperança, segurança e qualquer outra questão básica à vida espiritual.

Em certa oportunidade, recebi um livro, escrito por uma psiquiatra contemporânea, sobre como lidar com a depressão. Uma seção intitulada "Reprogramando sua Mente Consciente" atraiu minha atenção de modo especial. A primeira sugestão da doutora foi que, toda vez que você tiver um pensamento negativo, você deve gritar: "Desapareça!". Ela também recomendou a "programação do sono" — método que consiste em deixar tocar, durante a noite toda, uma gravação que contenha muito pensamento positivo e, durante o dia, ouvir música que estimula pensamentos positivos.

A doutora também pensou que seria útil cultivar uma filosofia espiritual significativa. Ela aconselhou encontrar um sistema de crença que funcione para você — qualquer um serve — mas assegure-se de evitar pessoas que falam sobre pecado e culpa. Seu último conselho foi que você deve encontrar luz em si mesmo. Infelizmente, isso é o melhor que a sabedoria humana pode fazer.³

Jesus ilustrou a fatigante e inútil busca da verdade na sabedoria humana, quando disse a um grupo de incrédulos:

> *Qual a razão por que não compreendeis a minha linguagem? É porque sois incapazes de ouvir a minha palavra. Vós sois do diabo, que é vosso pai, e quereis satisfazer-lhe os desejos. Ele foi homicida desde o princípio e jamais se firmou na verdade, porque nele não há verdade. Quando ele profere mentira, fala do que lhe é próprio, porque é mentiroso e pai da mentira. Mas, porque eu digo a verdade, não me credes. Quem dentre vós me convence de pecado? Se vos digo a verdade, por que razão não me credes? Quem é de Deus ouve as palavras de Deus; por isso, não me dais ouvidos, porque não sois de Deus" (Jo. 8.43-47).*

Em contraste, os crentes têm a verdade a respeito de tudo o que realmente importa. Que grande privilégio é possuir a Palavra da Verdade! Por ser verdadeira, a Escritura é totalmente justa (Sl. 19.9). A implicação desta afirmativa é que a veracidade da Bíblia produz uma justiça abrangente naqueles que a aceitam. E, visto que ela é uma completa e exaustiva fonte de verdade e justiça, somos proibidos de acrescentar-lhe, tirar-lhe ou distorcê-la de qualquer forma (Dt. 4.2; Ap. 22.18-19; 2 Pe. 3.15-16).

O Salmo 119 dá outros grandes testemunhos da justa suficiência das Escrituras:

> *Para sempre, ó* SENHOR, *está firmada a tua palavra no céu. Por isso, tenho por, em tudo, retos os teus preceitos todos e aborreço todo caminho de falsidade.*
>
> *Justo és,* SENHOR, *e retos, os teus juízos.*
>
> *Os teus testemunhos, tu os impuseste com retidão e com suma*

fidelidade. A tua justiça é justiça eterna, e a tua lei é a própria verdade. As tuas palavras são em tudo verdade desde o princípio, e cada um dos teus justos juízos dura para sempre (vv.89, 128, 137-138, 142, 160).

Ao contrário do que muitos ensinam hoje, não há mais necessidade de revelações, visões ou palavras de profecia. Em contraste com as teorias dos homens, a Palavra de Deus é verdadeira e absolutamente abrangente. Em vez de buscar algo mais, além da gloriosa revelação de Deus, os cristãos necessitam apenas estudar e obedecer ao que já têm!

Mais do que Muito Ouro Puro

Davi concluiu que as Escrituras "são mais desejáveis do que ouro, mais do que muito ouro depurado" (Sl. 19.10). A Escritura é infinitamente mais preciosa do que qualquer coisa que este mundo tem a oferecer; ela é perfeitamente suficiente para cada necessidade da vida. Assim, ela avalia seu próprio e imenso valor. Sobre o poder da Escritura em satisfazer nossos anseios espirituais, Davi declara que ela é mais doce "do que o mel e o destilar dos favos". Para Davi, meditar na Palavra de Deus era uma fonte de grande prazer e enriquecimento. Ela significava mais para ele do que as doces coisas da vida.

Nada que este mundo tenha a oferecer é mais precioso do que a Palavra de Deus. Eu tenho um amigo que coleciona Bíblias raras. Ele possui uma maravilhosa coleção, como uma Bíblia que data do quarto século. Mas a minha favorita é uma Bíblia inglesa, do século dezesseis, uma das primeiras cópias impressas da Palavra de Deus. Um terço da parte superior desta Bíblia está coberto com o sangue de seu proprietário original. Tive o privilégio de segurá-la em minhas mãos; lágrimas me vieram aos olhos enquanto eu a folheava.

Como é que o sangue foi parar nas páginas daquela Bíblia? Quando Maria, a Sanguinária, reinou na Inglaterra, ela aterrorizou os protestantes, assassinando tantos quantos pôde. Seus soldados derramavam o sangue da pessoa, depois tomavam sua Bíblia e a mergulhavam no sangue. Algumas daquelas Bíblias foram preservadas e são conhecidas como as Bíblias dos mártires. Cientistas fizeram testes no papel e confirmaram que as manchas escuras, em cada página da Bíblia de meu amigo, são de sangue humano.

Examinei cuidadosamente aquela Bíblia, página por página. Pude ver onde ela estava bem gasta por ter sido estudada. Havia manchas, como de lágrimas, e lugares onde um polegar passara as páginas favoritas. Esta era a mais valiosa possessão de alguém, e o seu sangue lá está para prová-lo.

Contudo, um infeliz contraste é vermos que os cristãos contemporâneos têm a tendência de folhear suas Bíblias como algo comum e normal, esquecendo que muitos deram suas vidas tão-somente para possuírem uma cópia. Se a igreja hoje colocasse tão alto valor na Palavra de Deus quanto o fizeram aqueles mártires, talvez não houvesse tantas pessoas correndo para os especialistas em teoria do comportamento humano, a fim de buscar conselho fora da perfeita sabedoria que Deus nos dá em sua Palavra.

Estou convencido de que, dentre os que se submetem a vários tipos de terapia extrabíblica, muitos o fazem precisamente porque estão procurando uma forma de resolver seus problemas sem se renderem àquilo que estão cientes ser uma exigência da Palavra de Deus.

A Escritura não falhou com eles; eles é que falharam com a Escritura. Muitos nunca aprenderam a deixar a palavra de Cristo habitar ricamente neles, como Paulo instrui em Colossenses 3.16. Lidaram com as Escrituras de modo superficial e nunca mergulharam em suas profundezas. Sua negligência pecaminosa sempre produz como fruto a confusão doutrinária e a falta de poder espiritual. Por nunca se disciplinarem para viver de acordo com os princípios bíblicos, agora eles estão abandonando as Escrituras em troca de alternativas mundanas. Recorrem a psicanalistas para solucionar seus problemas, à ciência para explicar a origem da vida, à filosofia para explicar o sentido da vida e à sociologia para explicar porque eles pecam. Igrejas, escolas e seminários se tornaram vulneráveis à influência de tais ensinamentos.

No Salmo 19.11, Davi conclui seu hino sobre a suficiência da Escritura: "Além disso, por eles se admoesta o teu servo; em os guardar há grande recompensa". Os conselhos oferecidos pelas Escrituras nos protegem contra a tentação, o pecado, o erro, a tolice, os falsos mestres e toda outra ameaça ao nosso bem-estar espiritual. A recompensa mencionada neste versículo não é um prêmio material. A palavra hebraica traduzida por "recompensa" fala de uma bênção espiritual, não de riquezas temporais. É o tranqüilo gozo e o descanso que vêm àqueles que vivem pela Palavra de Deus.

Não há substituto para a submissão às Escrituras. Sua saúde espiritual depende de você colocar o máximo valor na Palavra de Deus e obedecê-la com um coração bem disposto. Se você acha que pode encontrar soluções para seus problemas espirituais nos conselhos dos homens ou na sabedoria do mundo, está deixando de lado a mais valiosa e a única fonte confiável de respostas ao dilema humano. Não renuncie às doces e satisfatórias riquezas da Palavra de Deus pelo amargo fel da loucura deste mundo.

Davi terminou este salmo, orando: "As palavras dos meus lábios e o meditar do meu coração sejam agradáveis na tua presença, SENHOR, rocha minha e redentor meu!" (v.14). Como podemos estar certos de cultivar tais pensamentos e meditações? Josué 1.8 nos dá a resposta e os resultados: "Não cesses de falar deste Livro da Lei; antes, medita nele dia e noite, para que tenhas cuidado de fazer segundo tudo quanto nele está escrito; então, farás prosperar o teu caminho e serás bem-sucedido".

1. Albert Barnes, *Notes on the Old Testament, Psalms*, vol. 1 (Grand Rapids; Baker, 1974), p. 171.
2. Samuel Cox, citado em Marvin Vincent, *Word Studies in the New Testament: II Peter* (Grand Rapids; Eerdmans, 1980), p. 687.
3. Priscilla Slagle, *The Way Up From Down* (New York; Random House, 1987), pp. 218-227.

Capítulo 5

Santificação Psicológica?

Bem-aventurado o homem que não anda no conselho dos ímpios, não se detém no caminho dos pecadores, nem se assenta na roda dos escarnecedores. Antes, o seu prazer está na lei do Senhor, e na sua lei medita de dia e de noite.

Salmos 1.1-2

Então, perguntou Jesus aos doze: Porventura, quereis também vós outros retirar-vos? Respondeu-lhe Simão Pedro: Senhor, para quem iremos? Tu tens as palavras da vida eterna.

João 6.67-68

Recentemente alguém me enviou um folheto, divulgando um seminário para ensinar hipnose aos pastores. Dentre outras coisas, o folheto dizia: "Hipnose é uma coisa que se enquadra naturalmente no ministério do pastor. Com a ajuda da hipnose uma pessoa vai aprender a valorizar suas próprias habilidades, doadas por Deus, e a viver uma vida mais saudável e feliz". O folheto continha testemunhos de dez pessoas que tinham comparecido à aula e sentiram que haviam melhorado em seus ministérios.

A hipnose, uma forma de *shamanismo*[1] tornada respeitável pela psicologia secular, ainda não encontrou ampla aceitação na igreja. Mas, se as pessoas que oferecem aquele seminário forem ouvidas, é apenas uma questão de tempo para que pastores evangélicos da nação inteira venham a usar a sugestão pós-hipnótica para "assegurarem uma mudança positiva e permanente, após o término da sessão de terapia". Como isso ocorre? De acordo com o folheto, "a hipnoterapia... permite que a própria mente interior do cliente resolva os conflitos".

Isso é exatamente o que prometem quase todas as formas de psicoterapia. Livrarias cristãs estão cheias de livros recomendando ao crente que "olhe profundamente para dentro de si mesmo"; "conheça o seu eu interior"; "procure conhecer em profundidade os seus temores, mágoas e decepções do passado"; e "encontre as verdadeiras respostas para seus problemas dentro de seu próprio coração". Por quê? Porque "as respostas se acham bem no fundo de nosso próprio ser".

Tal conselho resume o pior que a psicologia oferece. É trágico que isso seja recebido e imitado por líderes cristãos que são corretos em outras áreas bíblicas. Sua influência sobre tantos cristãos modernos é uma séria ameaça à igreja de hoje.

Em nenhum lugar a Escritura dá tal conselho. Ao contrário, a Escritura ensina-nos: "Desembaraçando-nos de todo peso e do pecado que tenazmente nos assedia, corramos, com perseverança, a carreira que nos está proposta, *olhando firmemente* para o Autor e Consumador da fé, *Jesus*" (Hb. 12.1, 2 — ênfase minha). E: " (...) tudo o que é verdadeiro, tudo o que é respeitável, tudo o que é justo, tudo o que é puro, tudo o que é amável, tudo o que é de boa fama, se alguma virtude há e se algum louvor existe, *seja isso o que ocupe o vosso pensamento*" (Fp. 4.8 — ênfase minha).

Podemos Achar Respostas Confiáveis Dentro de nós Mesmos?

Se devemos olhar para dentro de nós, tentando entender a nós mesmos como uma forma de resolver nossos problemas, estamos numa situação sem esperança. Jeremias 17.9-10 diz: "Enganoso é o coração, mais do que todas as coisas, e desesperadamente corrupto; quem o conhecerá? Eu, o SENHOR, esquadrinho o coração, eu provo os pensamentos". A resolução de problemas por meio do auto-exame resulta em respostas enganosas. Quando buscamos dentro de nós mesmos as respostas, conseguimos mentiras.

O pecado em nós se inclina contra Deus. Por causa dele, nosso coração mente para nós sobre o que realmente somos. Ele exalta-nos aos nossos próprios olhos e absolve-nos da responsabilidade pelo pecado. Provérbios 16.2 diz: "Todos os caminhos do homem são puros aos seus olhos, mas o SENHOR pesa o espírito".

Alguns podem contestar, argumentando que aqueles versículos se referem apenas aos incrédulos. Porém, os cristãos não estão imunes ao auto-engano. Paulo disse: "De nada me argúi a consciência; contudo, nem por isso me dou por justificado, pois quem me julga é o Senhor" (1 Co. 4.4). Paulo não podia encontrar nada contra si mesmo, mas ele sabia que não podia confiar em seu próprio auto-exame.

Talvez pensemos que, no caso de não ser possível confiar em nós mesmos, podemos confiar em conselheiros qualificados. Mas, se não podemos extrair a verdade de dentro de nosso próprio coração, como é que outra pessoa, que também tem um coração enganoso, poderá discernir a verdade sobre nós, colocando-nos num divã e nos ouvindo? Podemos enganar um terapeuta mais facilmente do que podemos enganar a nós mesmos. Enquanto sentamos e tentamos descobrir o que está dentro de nós, nosso coração nos diz mentiras. Podemos esperar que um terapeuta descubra as mentiras que lhe dizemos e, depois, nos diga o que devemos fazer com nosso coração enganoso? A quem estamos iludindo? Somente Deus pode testar, avaliar e saber a verdade a respeito do coração de qualquer pessoa.

No Salmo 139.1-7, Davi orou:

> SENHOR, tu me sondas e me conheces.
> Sabes quando me assento e quando me levanto;
> de longe penetras os meus pensamentos.
> Esquadrinhas o meu andar e o meu deitar
> e conheces todos os meus caminhos.
> Ainda a palavra me não chegou à língua,
> e tu, SENHOR, já a conheces toda.
> Tu me cercas por trás e por diante
> e sobre mim pões a mão.
> Tal conhecimento é maravilhoso demais para mim:
> é sobremodo elevado, não o posso atingir.
> Para onde me ausentarei do teu Espírito?
> Para onde fugirei da tua face?

Deus não se deixa confundir; Ele sabe tudo sobre você. Se você quer conhecer o seu verdadeiro "eu", seja sensível às orientações do Espírito Santo, à medida que Ele aplica a Palavra de Deus ao seu coração. O Salmo 32.6-8 diz:

(...) todo homem piedoso te fará súplicas em tempo de poder encontrar-te. Com efeito, quando transbordarem muitas águas, não o atingirão.

Tu és o meu esconderijo; tu me preservas da tribulação e me cercas de alegres cantos de livramento.

Instruir-te-ei e te ensinarei o caminho que deves seguir; e, sob as minhas vistas, te darei conselho.

A Escritura faz o que a psicanálise não pode fazer: ela penetra no coração. Ela penetra profundamente na alma de uma pessoa e julga suas motivações. Se quisermos saber o que realmente somos, precisaremos ver a nós mesmos segundo o padrão das Escrituras. E somente a Palavra de Deus pode prometer recompensas espirituais verdadeiras àqueles que obedecem seu conselho. Nenhuma outra forma de terapia ou aconselhamento pode curar completamente uma pessoa.

As pessoas dizem: "Você tem um problema tão profundo. É melhor ir a alguma clínica para receber ajuda, ou fazer psicoterapia, ou encontrar um ministério de libertação que possa amarrar Satanás e lançar fora de você aqueles demônios". Agora, por favor, pense cuidadosamente sobre isto por um minuto: o que podem estas coisas acrescentar à viva, ativa e poderosa Palavra de Deus? Ela é mais afiada do que qualquer outra arma. Ela corta mais fundo e mais genuinamente do que qualquer outra coisa. Hebreus 4.12 declara que "a palavra de Deus é viva, e eficaz, e mais cortante do que qualquer espada de dois gumes, e penetra até ao ponto de dividir alma e espírito, juntas e medulas, e é apta para discernir os pensamentos e propósitos do coração". Como escrevi em outro lugar:

A Palavra de Deus é o perfeito perscrutador, o perfeito "kritikos" (de onde temos a palavra "crítico"). Ela não somente analisa todos os fatos perfeitamente, mas também todos os motivos, intenções e crenças; isto é algo que o mais sábio de todos os juí-

zes ou críticos não pode fazer. A espada da Palavra de Deus não errará em pronunciar ou executar a sentença.²

A palavra de Deus revela os mais profundos pensamentos e intenções do coração humano, tanto que "todas as coisas estão descobertas e patentes aos olhos daquele a quem temos de prestar contas" (Hb. 4.13).

Um Testemunho Sobre o Poder da Palavra de Deus

Recentemente, recebi a seguinte carta de uma mulher que ouve nosso programa de rádio:

> Sou uma mulher de 27 anos. Quando tinha 14 anos, comecei a ter depressão freqüentemente. Eu não era cristã, nem havia sido criada por pais cristãos... Minha depressão continuou enquanto eu crescia e, como resultado, piorou com o passar do tempo. Tornei-me um caso crônico com tendência ao suicídio...
>
> Quando fiz 20 anos fui a um psiquiatra, que me diagnosticou como uma maníaco-depressiva. Ele me prescreveu lítio e disse que eu seria assim pelo resto da vida. A terapia com a droga me preservou de ingressar em uma severa depressão. Entretanto, os profundos sentimentos de depressão e desespero ainda eram uma realidade.
>
> Finalmente, cheguei ao ponto em que não tinha para onde me voltar, senão para o Senhor Jesus. Ouvira dizer que a vida cristã seria a única forma de viver, mas Deus não era real para mim. Decidi que buscaria a Deus com todo o meu coração, como Jeremias 29.13 diz. Depois, se viesse a considerar isso um esforço vão, desistiria de viver.
>
> Me alimentei do ensino bíblico que você ministrava através de fitas gravadas. O Senhor Jesus iniciou sua obra em mim. Através da Palavra de Deus, enquanto você ensinava, o Espírito Santo me mostrou exatamente qual era o meu problema e o que eu precisava fazer sobre ele.

Meu problema era pecado — um coração que não perdoava e que me tornava amargurada. Voltei-me para o Senhor e pedi-Lhe que me perdoasse. Continuei na Palavra diligentemente, e o processo de transformação aconteceu. O Senhor me livrou dessa enfermidade depressiva.

A memorização das Escrituras está renovando a minha mente. Esta é a única chave para qualquer um que sofre de problemas emocionais, porque ela é a Palavra viva, vinda da parte de Deus, e tem poder sobrenatural para transformar a vida e a mente de qualquer um... Nenhum médico, nenhuma droga pode fazer o que a Bíblia fez por mim, ao transformar a minha vida.

Depois ela acrescentou um P.S.:

A propósito, estou sem medicação há três anos! A chave é a obediência!

Eu creio nesse testemunho. Creio no poder da Palavra de Deus. Lamento que tantas pessoas, que buscam algo mais, se desviam na direção da psicologia e da psiquiatria humanística; fato que apenas aumenta seus problemas, levando-as na direção errada, para longe da suficiência de Cristo e do poder da Palavra de Deus.

Tornando-nos Pessoas da Palavra

Tiago 1.25 declara: "Aquele que considera, atentamente, na lei perfeita, lei da liberdade, e nela persevera, não sendo ouvinte negligente, mas operoso praticante, esse será bem-aventurado no que realizar".

As palavras "considera, atentamente" traduzem a palavra grega *parakuptō*, que literalmente significa "debruçar-se ou curvar-se sobre algo para examiná-lo com cuidado e precisão". Esta palavra retrata tanto a humilde atitude quanto o intenso estudo que se requer de alguém que procura se beneficiar da "lei perfeita" (um sinônimo da Palavra de Deus).

A palavra grega traduzida por "perfeita" fala de integralidade e de totalidade. Como temos visto, a Palavra de Deus é suficiente, abrangente, completamente sem erro, capaz de atender cada necessidade e preencher os desejos de cada coração. Se nós a obedecemos, seremos abençoados no que fizermos.

Que glorioso tesouro Deus nos deu em sua Palavra! Como os cristãos deveriam corresponder a ela? Salmos 19.14 registra a resposta de Davi: "As palavras dos meus lábios e o meditar do meu coração sejam agradáveis na tua presença, SENHOR, rocha minha e redentor meu!" Em outras palavras: "Sejam aceitáveis a Ti as coisas que eu imagino e falo. Que elas sejam consistentes com a tua Palavra". Davi orou para que fosse um homem da Palavra, com pensamentos e palavras bíblicos.

Ainda mais diretas e abrangentes são as palavras de Paulo aos presbíteros de Éfeso:

> Jamais deixando de vos anunciar coisa alguma proveitosa e de vo-la ensinar publicamente e também de casa em casa... jamais deixei de vos anunciar todo o desígnio de Deus... Agora, pois, encomendo-vos ao Senhor e à palavra da sua graça, que tem poder para vos edificar e dar herança entre todos os que são santificados (At. 20.20, 27, 32).

Aqueles anciãos eram exatamente como nós. Tinham todos os problemas, conflitos e necessidades básicas que nós temos. Desde o primeiro dia em que chegou na Ásia, Paulo começou a ensinar-lhes a Palavra de Deus (vv.18-19). Ele nada reteve, porque tudo era para o benefício deles. Ele viu, na revelação divina, suficiência total para todo conflito, necessidade e ansiedade da vida humana. Quando os deixou, recomendou-os a Deus e à Palavra da sua graça, a qual ele sabia que iria edificá-los e fortalecê-los para o serviço fiel.

Líderes espirituais devem novamente abraçar a suficiência da Escritura e chamar seu povo de volta a ela. Cada crente deve fazer aliança com Deus para serem homens e mulheres da Palavra, encontrando nela seus recursos e aplicando-os a cada aspecto de suas vidas. Você nunca saberá o que a Palavra pode fazer, se não estudá-la e aplicá-la. Apenas dizer que crê não é suficiente. Ela deve ocupar um lugar elevado em sua vida. Visto que o próprio Deus a exalta e magnifica (Sl. 138.2), quanto mais deveríamos nós exaltá-la e magnificá-la? Como foi observado no final do último capítulo, Josué 1.8 resume a absoluta suficiência da Palavra de Deus como nosso guia para o viver bem-sucedido: "Não cesses de falar deste Livro da Lei; antes, medita nele dia e noite, para que tenhas cuidado de fazer segundo tudo quanto nele está escrito; então, farás prosperar o teu caminho e serás bem-sucedido".

Aconselhando com a Bíblia

Todos nós participamos do processo de aconselhamento, quando instruímos uns aos outros com a Palavra de Deus, quando intercedemos em oração e somos usados pelo Espírito Santo para ajudar os fracos e desanimados (1 Ts. 5.14). A importância deste ministério foi gravada de novo em meu coração, recentemente, quando conversei com uma querida senhora crente que tinha uma doença terminal e estava próxima da morte. Eu sei que ela amava o Senhor e que dedicara sua vida a Ele. Seu maior desejo era fazer a vontade de Deus. Porém, ela me disse que estava vivendo em constante temor de ir para o inferno. Quando lhe perguntei por que tinha tanto medo, ela disse: "Logo que fui acometida desta enfermidade, fiz algo muito, muito terrível. Usei palavras profanas e amaldiçoei a Deus. Agora temo que Ele não me perdoe e que eu vá para o inferno pelo que fiz". Pude perceber que ela se achava profundamente perturbada pelo que fizera.

O que você diria a uma pessoa como essa? A morte poderia vir em apenas alguns dias, e esta senhora necessitava da segurança do perdão de Deus. Você a enviaria a um psicanalista? Repreenderia o demônio da dúvida? Ou faria a sugestão de que ela imaginasse estar no céu? Ou você a aconselharia a seguir os seis ou sete passos da terapia da auto-descoberta? É isso que muitos hoje advogam. Não, você não faria nenhuma daquelas coisas. Alguém assim precisa de reafirmação da Escritura sobre o amor e o perdão de Deus, de modo que o Espírito possa imprimir aquela verdade sobre seu coração e lhe trazer paz. Eu conduzi aquela irmã por algumas passagens das Escrituras que falam do completo perdão que pertence a cada crente. Eu lhe assegurei que, mesmo havendo amaldiçoado a Deus, houve alguém que blasfemou muito mais contra Deus e que recebeu graça e perdão abundantes. Li para ela o testemunho de Paulo em 1 Timóteo 1.12-16:

> Sou grato para com aquele que me fortaleceu, Cristo Jesus, nosso Senhor, que me considerou fiel, designando-me para o ministério, a mim, que, noutro tempo, era blasfemo, e perseguidor, e insolente. Mas obtive misericórdia, pois o fiz na ignorância, na incredulidade. Transbordou, porém, a graça de nosso Senhor com a fé e o amor que há em Cristo Jesus. Fiel é a palavra e digna de toda aceitação: que Cristo Jesus veio ao mundo para salvar os pecadores, dos quais eu sou o principal. Mas, por esta mesma razão, me foi concedida misericórdia, para que, em mim, o principal, evidenciasse Jesus Cristo a sua completa longanimidade, e servisse eu de modelo a quantos hão de crer nele para a vida eterna.

Lembrei-lhe que o testemunho de Paulo fora, para todo o mundo, um exemplo do fato de que Deus, ao haver salvado o maior dos pecadores, pode também salvar todos os menores, incluindo ela. Enquanto continuamos a conversar e orar juntos, houve grande esperança em sua voz.

A resposta para pessoas com este tipo de ansiedade é simplesmente abrir-lhes a Palavra do Deus vivo e permitir que o Espírito Santo a aplique ao coração. Até mesmo alguém no limiar da morte pode experimentar a bênção da paz e da confiança que procedem da Palavra de Deus.

Aconselhar e encorajar uns aos outros com a Bíblia sempre ocupou papel importante na igreja. Esse papel não foi dado a psicólogos cristãos ou a psicanalistas seculares, mas foi concedido a pastores e professores e, através de sua cuidadosa exposição e instrução, a cristãos espiritualmente dotados cujas vidas são puras, cujo conhecimento da Palavra de Deus é maduro, cujas vidas são canais à disposição da Palavra, do Espírito e da sabedoria divina. Paulo disse aos crentes que residiam em Roma: "E certo estou, meus irmãos... de que estais possuídos de bondade, cheios de todo o conhecimento, aptos para vos admoestardes uns aos outros" (Rm. 15.14).

Cada cristão é chamado para ajudar, estimular e encorajar ao outro dentro do corpo de Cristo (Hb. 10.24-25). Não devemos permitir que o erro neognóstico roube esse ministério daqueles que manejam bem a Palavra da Verdade, entregando-o a profissionais que o adulteram, ao misturarem-no com a sabedoria humana e com a teoria psicológica.

O que Aconteceu com o Espírito Santo?

Antes de deixarmos o assunto da psicologia, precisamos observar seu efeito catastrófico sobre a compreensão da igreja quanto ao ministério do Espírito Santo. Quando a crucificação de nosso Senhor se aproximava, Ele prometeu enviar "outro Consolador... o Espírito da verdade" (Jo. 14.16-17). Sua promessa foi que o Espírito Santo assumiria o mesmo papel que Ele realizava na vida de seus discípulos, durante os anos do seu ministério terreno — o papel de divino mestre, amigo, guia, ajudador e consolador. O ministério do Espírito Santo nesse sentido é um dos mais maravilhosos recursos que Cristo tornou disponível a todos que o conhecem. O apóstolo Paulo escreveu: "Ora, nós não temos recebido o espírito do mundo, e sim o Espírito que vem de Deus, para que conheçamos o que por Deus nos foi dado gratuitamente" (1 Co. 2.12). Toda sabedoria e todos os recursos espirituais vêm do Espírito Santo. Se desejamos conhecer a verdade sobre nós mesmos e as soluções para os nossos problemas, devemos simplesmente nos voltar para Ele. Tragicamente, a atual negligência para com ministérios do Espírito tem aleijado muitos cristãos hábeis e desejosos de ministrar.

Nos primeiros anos do meu ministério, viajei pelo país pregando em muitas igrejas, em conferências bíblicas e em acampamentos. Em quase todo lugar aonde eu ia, as pessoas queriam ouvir uma mensagem sobre o Espírito Santo. Eles queriam saber sobre dons espirituais e o que significava andar no Espírito e ser cheio do Espírito. Livros e seminários sobre estes temas eram assuntos atraentes. "Cheio do Espírito" era a frase que cativava a atenção de todo o movimento evangélico. Mas, em anos recentes, isso mudou consideravelmente. Agora os ministérios do Espírito, do modo como são delineados no livro santo, parecem haver perdido a ênfase quase ao nível do total abandono.

Acredito que parte da responsabilidade por esta situação deve recair sobre o movimento carismático, pois ele apresenta ensinos distorcidos acerca do batismo, da plenitude e da obra do Espírito em iluminar. Sua ênfase exagerada sobre milagres, sinais e maravilhas tem promovido uma falsa idéia sobre o Espírito Santo, apresentando-O como uma espécie de mágico divino que se move de modos sempre visíveis, sensíveis ou audíveis. Eles têm diminuído a obra santificadora que o Espírito opera no interior do crente, a qual é a essência do ministério dEle. Muitos cristãos não se dispõem a confrontar os excessos do movimento carismático ou mesmo a falar sobre o assunto dos ministérios do Espírito, por medo de ofenderem a alguém que mantém uma posição diferente. Aqueles que realmente falam disso sempre são tachados de antipáticos ou sectários. Conseqüentemente, muitos pastores e professores não-carismáticos evitam o assunto do Espírito Santo por completo; isso tem levado a uma ignorância generalizada sobre os ministérios do Espírito.

A falta de familiaridade com a obra santificadora do Espírito abriu a porta para a atual obsessão pela psicologia. A santificação psicológica tornou-se um substituto para a vida plena do Espírito. Que finalidade há em se buscar o conforto do Espírito Santo, se, afinal, problemas emocionais profundos só podem ser tratados por um psicólogo profissional, ou se as pessoas só podem vir a superar os problemas da vida depois de entrarem em contato com sua infância, ou se as respostas para nossas dores mais profundas estão enterradas em nosso íntimo? Se estas coisas são verdade, não precisamos de um Advogado; precisamos de um terapeuta. Esta é precisamente a rota que muitos na igreja escolheram.

Recentemente recebi uma carta de outra ouvinte de nosso programa de rádio. Ela ouvira uma porção das transmissões que havíamos intitulado: "O que Aconteceu com o Espírito Santo?", e escreveu para discordar de meus comentários sobre psicoterapia. Suas posições representam o que muitos crentes contemporâneos crêem:

> Eu nunca concordei com sua posição sobre psicólogos e como você os coloca juntos num só bolo, cristãos e seculares. Uma lembrança de eventos passados recentemente tornou isto ainda mais perturbador. Me pergunto se você imagina o mal que está fazendo, ao desviar pessoas com sérios problemas emocionais de buscarem a ajuda que necessitam?
>
> Se você veio de uma situação familiar ideal, de fato terá dificuldade para entender a profundidade em que o espírito de algumas pessoas foi ferido e o quanto a sua alma foi dilacerada. Por vezes, os incidentes foram sublimados na criança para manifestarem-se quando ela se torna um adolescente ou um adulto. Recomendar apenas estudo bíblico e oração pode ser como colocar um "band-aid", quando se precisa de uma cirurgia. Apenas tornar-se um cristão também não resolve o dilema (eu costumava pensar que sim), porque a pessoa perturbada pode simplesmente considerar como normais as experiências de sua vida passada, ocultando a profunda dor do seu espírito. Então,

porque estes assuntos nunca foram tratados, a pessoa os carrega para o casamento e se inicia um outro ciclo.

A mulher acrescentou alguns detalhes pessoais sobre um genro que ela sentia que precisava de aconselhamento psicológico. Ele estava sendo abusivo para com sua esposa e até ameaçara matá-la. Ele se recusava a aceitar a responsabilidade por seu mau comportamento, sempre achando meios de culpar outros por coisas que estavam erradas em sua própria vida. Por mais de um ano, toda a família o encorajou a buscar aconselhamento psicológico, mas ele se recusou. Agora ele estava usando meu ensino como justificativa para sua recusa em buscar a ajuda de um terapeuta. Ela encerrou a carta com estes comentários:

A resposta simplista é que isso se deve ao pecado: peça a Deus para perdoá-lo, perdoe aos outros, leia sua Bíblia e ore; peça a Deus que o ajude a melhorar. Mas você também tem de tratar o que o pecado fez, e, se a pessoa não está ciente do problema que se tornou tão profundamente sepultado em seu subconsciente, como poderá corrigir isso? Um homem com uma perna quebrada não recebe ajuda ao esfregar pomada na área machucada. Até que descubra a verdadeira causa da dor, você não realiza a cura.

O psicólogo cristão foi treinado e está melhor capacitado para chegar à raiz destes problemas sérios... um amigo ou um bom ouvinte não é de muita ajuda porque o assunto é muito profundo, e um pastor tem toda uma congregação a ministrar. Como ele justificaria todo o tempo que teria de gastar tratando apenas de alguns psicologicamente necessitados em sua congregação? A vida está se tornando mais complexa e os relacionamentos mais frágeis por causa disso. VOCÊ NÃO ACHA QUE OS CRISTÃOS DEVERIAM BUSCAR ACONSELHAMENTO PROFISSIONAL???? *Se houver necessidade, eles devem se beneficiar da ajuda. Fico admirada a respeito de quantas pessoas necessitadas têm sido persuadidas a não procurarem a ajuda profissional que elas desesperadamente precisam. Estremeço ao pensar na sua responsabilidade, à medida que sua voz é transmitida pelo rádio, desencorajando pessoas a conseguirem a ajuda necessária.*

Espero ter entendido mal o verdadeiro significado daquilo que você quis dizer. Para deixar bem claro: NÃO CONCORDO COM VOCÊ, QUANDO DIZ QUE OS CRENTES NÃO DEVEM PROCURAR O ACONSELHAMENTO PSICOLÓGICO DE UM PROFISSIONAL. *Se há uma necessidade, eles devem se beneficiar da ajuda profissional.*

Eu simpatizo com o empenho dessa querida senhora. Ela está desesperadamente em busca de ajuda para o casamento de sua filha e preocupa-se com a sua segurança física. Ela sugere que o comportamento de seus netos está sendo afetado negativamente pelos problemas em casa. Sente-se frustrada com a hipocrisia de seu genro; evidentemente, ele mantém uma fachada de espiritualidade, lendo a Bíblia e orando. Mas sua vida particular é indisciplinada e freqüentemente iníqua. Algo está terrivelmente errado. Se a descrição da situação é precisa, concordo inteiramente que o genro dela necessita de ajuda. E eu o admoestaria a procurar conselho sábio urgentemente.

Mas, esta mulher o está encorajando a buscar respostas na fonte certa? A sua idéia a respeito da condição espiritual e emocional dele formou-se a partir de uma compreensão bíblica ou das teorias da psicologia moderna? Veja suas pressuposições: ela concluiu que problemas emocionais profundos, como aqueles do seu genro, exigem algum remédio que a Escritura e a oração possivelmente não fornecerão; de fato, ela crê que estudo bíblico e oração são superficiais, soluções do tipo "band-aid", e que apenas a psicoterapia oferece ajuda significativa para pessoas com tais problemas. Ela pressupõe que a maioria dos problemas emocionais estão enraizados em mágoas da infância e que as causas de danos emocionais estão sempre escondidas, sendo necessário terapia profissional para trazê-los à superfície; e, evidentemente, acredita que os únicos e verdadeiros conselheiros "profissionais" são aqueles treinados em psicoterapia. Ela afirma que é "simplista" pressupor que o comportamento de seu genro se deve ao pecado; que é igualmente "simplista" ver o arrependimento como solução. Problemas emocionais complexos, ela crê, só podem ser desembaralhados por profissionais treinados para investigar a mente subconsciente. Estas desordens são evidentemente "muito profundas" para a sabedoria bíblica e necessitam da perspicácia de alguém com uma sabedoria mais elevada do que aquela que a Escritura oferece, necessitam de alguém equipado com recursos melhores do que a Bíblia, a oração e o Espírito Santo, para lidar com as complexidades de nossa época.

Nenhuma destas pressuposições está em harmonia com o que o Novo Testamento ensina sobre a santificação. Longe de ser um remédio superficial, a Palavra de Deus é o único instrumento adequado para uma cirurgia radical na alma humana; ela é "viva, e eficaz, e mais cortante do que qualquer espada de dois gumes, e penetra até ao ponto de dividir alma e espírito, juntas e medulas, e é apta para discernir os pensamentos e propósitos do coração" (Hb. 4.12). A ciência behaviorista moderna, em comparação, é superficial e, em geral, totalmente sem fruto.

Mais importante ainda é sabermos que a santificação é uma operação do Espírito Santo. Nenhum terapeuta é capaz de realizar o que o Espírito Santo pode fazer para transformar a alma. Nenhuma terapia imaginada pelos homens tem a possibilidade de trazer alguém ao arrependimento ou de restaurar uma vida arruinada pelo pecado. Aqueles que vêem a terapia como o melhor meio de curar uma alma enferma ou machucada estão procurando colocar recursos carnais no lugar da obra do Espírito.

Você Está Sendo Aperfeiçoado Pela Carne?

A Escritura fala claramente sobre esta questão. A igreja dos gálatas inicialmente confiou em Deus para sua salvação, mas, de um modo muito fútil, comprometeu o evangelho da graça ao confiar no esforço humano para a santidade pessoal e para a maturidade espiritual. Paulo diz:

> Ó gálatas insensatos! Quem vos fascinou a vós outros, ante cujos olhos foi Jesus Cristo exposto como crucificado? Quero apenas saber isto de vós: recebestes o Espírito pelas obras da lei ou pela pregação da fé? Sois assim insensatos que, tendo começado no Espírito, <u>estejais agora, vos aperfeiçoando na carne?</u> Terá sido em vão que tantas coisas sofrestes? Se, na verdade, foram em vão. Aquele, pois, que vos concede o Espírito e que opera milagres entre vós, porventura, o faz pelas obras da lei ou pela pregação da fé? (Gl. 3.1-5 — ênfase minha).

No verso 1, Paulo descreve os gálatas como "insensatos" (*anoētos*, no grego), o que indica uma ausência de sabedoria e percepção. Ele não estava dizendo que lhes faltava inteligência. Estava repreendendo-os por deixarem de usar sua inteligência para aplicar a verdade que conheciam. Eles foram desobedientes ao que conheciam e estavam sendo, portanto, espiritualmente descuidados. Haviam pecaminosamente negligenciado seus recursos espirituais e tentado substituí-los por fórmulas carnais, exatamente como muitos cristãos hoje.

A tradução de J. B. Phillips, em Gálatas 3.1, diz: "Oh! caros idiotas da Galácia!"[3] A *Bíblia de Jerusalém* é ainda mais vívida: "Vocês, aí na Galácia, estão malucos?"[4]

Paulo falou aos gálatas que eles estavam doutrinariamente vulneráveis, havendo se deixado "fascinar" (*baskainō*, no grego) por falsos mestres. Tais mestres estavam ensinando que eles poderiam alcançar a santificação por seus próprios esforços. Em seu significado fundamental *baskainō* refere-se a pronunciar uma palavra mágica ou a procurar trazer o mal para uma pessoa por meio de um mau olhado ou de uma palavra verbalizada. Paulo não quis dizer que os gálatas eram vítimas de feitiçaria ou de outras atividades ocultistas, mas que eles haviam sido seduzidos ou fascinados por mestres perversos.

A situação dos gálatas é típica dos esforços de Satanás em minorar o poder do Espírito na vida dos crentes. Quando a graça é recebida, Satanás busca pervertê-la com o legalismo. Quando a fé é exercitada, ele tenta substituí-la por obras. Paulo pregara aos gálatas um evangelho de justificação pela fé e de santificação pelo Espírito Santo; mas os judaizantes (falsos mestres judeus) queriam acrescentar lei à graça e obras à fé. Eles procuraram impor sobre os gálatas cristãos o legalismo, os rituais, as cerimônias, as leis e o judaísmo. Isso foi um sutil ataque satânico com vestes religiosas, e os gálatas foram vítimas complacentes.

A resposta à pergunta retórica de Paulo, no verso 2, é óbvia: os gálatas haviam recebido o Espírito pela fé, não pelas obras. Eles o receberam ao mesmo tempo em que receberam a salvação. De fato, o testemunho do Espírito é a maior prova que temos da nossa salvação. Ele dá testemunho, junto ao nosso espírito, de que somos filhos de Deus e co-herdeiros com Cristo (Rm. 8.16-17). Sua presença em nossa vida é a inconfundível evidência do favor de Deus.

A infusão da psicoterapia no aconselhamento cristão hoje cheira a *galacianismo*. Isso nada mais é do que um esforço sistemático para eliminar o papel do Espírito Santo na santificação. Isso pode ser mais sutil do que os ataques legalistas dos judaizantes do primeiro século, contudo impõe à igreja a mesma ameaça monumental.

Para muitos, a auto-estima, o valor próprio e a teologia centrada no homem criaram uma maior confiança no "eu" do que no Espírito Santo. A verdade é: apenas o Espírito Santo pode produzir e sustentar a vida espiritual. Sem Ele, todos os nossos esforços são vãos. Se Ele parasse sua obra de santificação e sustentação dentro de nós, cairíamos em amortecimento espiritual. Nós vivemos no Espírito (Gl. 5.25). E o que Ele fornece é suficiente para cada necessidade; o Espírito, que é todo-suficiente, supre os recursos necessários para cada aspecto da vida.

Não se torne vítima. A igreja hoje está cheia de pecado e fraqueza porque muitos cristãos esqueceram que a luta espiritual se trava com armas espirituais (2 Co. 10.4), não com técnicas, teorias e terapias carnais. A santificação vem por meio da obra do Espírito, pela Palavra, para nos transformar na imagem de Cristo (2 Co. 3.18). Portanto, devemos recusar "soluções" humanistas, centradas no homem, e aprender a confiar no Espírito e andar no poder dEle. Aperfeiçoar a espiritualidade por meio da carne não funcionou para os gálatas e não funcionará para nós. Como o próprio Deus disse, tempos atrás: "Não por força nem por poder, mas pelo meu Espírito" (Zc. 4.6a).

Onde podemos obter respostas confiáveis para as mais difíceis perguntas da vida? Nosso todo-suficiente Salvador não nos deixou sem amplos recursos espirituais. Sua perfeita sabedoria está disponível através de sua Palavra. Conforto, segurança, entendimento e poder nos pertencem através do ministério do seu Espírito que habita em nós. Tudo isso é ampliado pelo amoroso ministério realizado por pessoas dotadas, na comunidade dos crentes. E tudo concorre para assegurar que cada crente tenha perfeita e "ampla suficiência" para toda boa obra (2 Co. 9.8).

1. Shamanismo — religião budista do nordeste da Ásia, baseada na crença em espíritos que agem através do sacerdote. (N.do E.)
2. John F. MacArthur, Jr., *Hebrews* (Chicago; Moody, 1983), p. 91.
3. *The New Testament in Modern English*, edição revisada, traduzida por J.B. Phillips (New York; MacMillan, 1972).
4. *The Jerusalem Bible* (Garden City; Doubleday, 1968).

CAPÍTULO 6

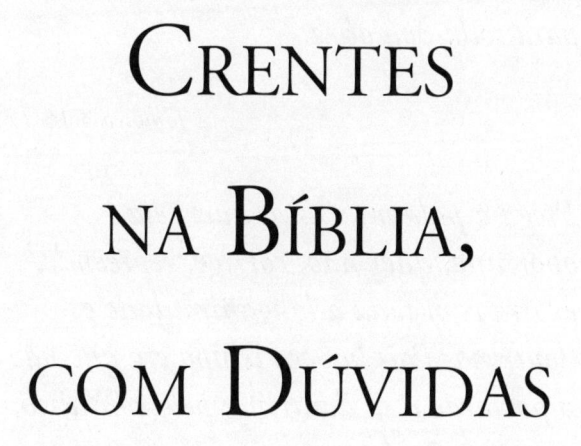

CRENTES NA BÍBLIA, COM DÚVIDAS

*Toda a Escritura é inspirada
por Deus e útil para o ensino,
para a repreensão, para a correção,
para a educação na justiça, a fim de
que o homem de Deus seja perfeito e
perfeitamente habilitado
para toda boa obra.*

2 Timóteo 3.16-17

*Prega a palavra, insta, quer seja
oportuno, quer não, corrige, repreende,
exorta com toda a longanimidade e
doutrina. Pois haverá tempo em que não
suportarão a sã doutrina; pelo contrário,
cercar-se-ão de mestres segundo as suas
próprias cobiças, como que sentindo
coceira nos ouvidos; e se recusarão a dar
ouvidos à verdade, entregando-se às
fábulas.*

2 Timóteo 4.2-4

Tempos atrás tive o privilégio de pregar no culto de domingo de manhã da Igreja Batista Central de Kiev, na Rússia. Esta foi uma das mais comoventes experiências de minha vida. A casa que havia sido convertida em templo estava apinhada com centenas de pessoas sentadas e em pé, a ponto de não haver mais lugar. Havia mais gente na varanda, olhando através das janelas abertas para o salão principal. Ainda mais pessoas estavam do lado de fora, cercando o prédio e olhando para o púlpito (tentando enxergá-lo de lá), enquanto ouviam a pregação através de alto-falantes externos.

O povo era reverente, submisso e estava em espírito de oração durante o culto. O coro, vestido em roupas comuns, cantou vários hinos de louvor. A maioria das pessoas, mesmo os que estavam dentro, ficaram com seus agasalhos por causa do frio. A congregação cantou os hinos de memória (não havia hinários) e houve períodos de orações espontâneas pelos perdidos, orações feitas entre lágrimas e soluços.

O pastor me pediu para trazer a terceira mensagem da manhã (a terceira é sempre a principal) e solicitou que, depois da pregação, eu chamasse à plataforma aquelas pessoas que desejassem se arrepender e seguir a Jesus Cristo. (Todos os cristãos soviéticos usam o termo *arrependimento* para descrever a sua salvação.)

Quando acabei de pregar sobre o Salmo 19 e sobre a suficiência das Escrituras, duas horas de culto haviam se passado. Com simplicidade, solicitei aos que desejavam se arrepender de seus pecados e seguir a Jesus Cristo pela fé que se encaminhassem à plataforma para conhecerem os líderes da igreja.

Imediatamente as pessoas começaram a vir. A maioria estava chorando. A multidão se afastou harmonicamente para que eles passassem. Enquanto vinham, muitos tocaram neles, abraçaram e apertaram suas mãos e braços. Houve um murmúrio audível de oração com choro.

Uma hora e meia depois, a última pessoa havia chegado e o último hino fora cantado.

Não houvera coerção, fundo musical, nenhuma manipulação e nada de indução; apenas um silencioso aguardar, enquanto as pessoas vinham.

O mais emocionante de tudo foi o que aconteceu quando os arrependidos atingiram a pequena plataforma. Fora dito a eles que se ajoelhassem ante as pessoas e os anciãos, foi colocado um microfone à altura de suas bocas, e lhe pediram que se arrependessem de seus pecados e confessassem a Jesus como Senhor, de forma que todos pudessem ouvir. E cada um fez isso. Humildemente, quebrantados de espírito, desesperados pela salvação e sem se preocupar com as pessoas ao seu redor, por causa da obra de quebrantamento por parte do Espírito, eles publicamente deram as costas para o pecado a fim de seguirem ao Senhor Jesus Cristo.

Regozijo e choro permearam tudo isto. As pessoas abraçaram os que eram recebidos para o corpo de Cristo.

O culto encerrou-se quando uma preciosa menininha citou um poema e três meninas cantaram uma canção de amor para Jesus.

Não houve ali diversão, técnicas engenhosas, esforço para facilitar a salvação, tentativa de manobrar a multidão ou performances superficiais. A Palavra de Deus havia sido pregada (três vezes), e as pessoas oravam para que o poder dela fosse liberado. Eu me senti como no livro de Atos, com a igreja primitiva, e não queria sair dali!

A Palavra realizara sua obra, e novamente entendi porque Satanás faz tudo que pode para substituir a poderosa Palavra de Deus na vida da igreja.

Precisamente por ser tão poderosa, a Bíblia sempre teve seus inimigos. Incrédulos desafiam a sua credibilidade. Os céticos questionam sua exatidão. Os revisionistas morais menosprezam seus preceitos. Os religiosos liberais contestam seu caráter sobrenatural. Os ocultistas distorcem seu significado.

O mais perigoso e eficaz ataque à Palavra de Deus, porém, pode ser um ataque sutil que tem sido forjado principalmente por aqueles que pensam crer na Bíblia, mas que duvidam da perfeita suficiência da Escritura.

O evangelicalismo contemporâneo tem se deixado seduzir por uma perigosa falta de confiança na Palavra de Deus. Não falo sobre a questão de Deus nos ter dado uma Bíblia inerrante. Claro que Ele assim o fez. E a maioria dos evangélicos aceita isso sem debate. Mas, dentre aqueles que jamais duvidariam da autenticidade da Palavra de Deus ou da sua autoridade essencial como guia para o viver santo, muitos têm aceitado a noção de que a Escritura simplesmente não contém *tudo* que necessitamos para desempenharmos bem o nosso ministério, nestes tempos modernos e sofisticados. Assim, eles recorrem à perícia humana nos campos da psicologia, administração, governo, política, entretenimento, ou o que mais pensam poder suprir alguma receita para o sucesso a qual julgam faltar à Escritura.

Tal perspectiva nega a gloriosa verdade dos versículos que citei no início deste capítulo. A maioria dos cristãos conhece bem 2 Timóteo 3.16, uma passagem-chave sobre a inspiração: "Toda a Escritura é inspirada por Deus e útil para o ensino, para a repreensão, para a correção, para a educação na justiça". Aqui a Escritura reivindica ser o próprio sopro de Deus ("inspirada", *theopneustos*, no grego, significa "soprada por Deus"). Mas não deixe de notar o próximo versículo. Ele nos diz que a Bíblia é apropriada para equipar os crentes para *toda* boa obra. Visto que a Escritura une estas duas reivindicações, ou ela será totalmente inspirada *e* totalmente suficiente, ou não será inspirada de forma alguma.

Um estudo mais profundo neste texto crucial revelará que o termo "homem de Deus" é um termo técnico, usado freqüentemente no Velho Testamento para se referir a um homem que falava por Deus — um profeta, um pregador. Paulo está dizendo que Timóteo, tal como aqueles "homens de Deus", chamado para ser perfeitamente equipado para toda boa obra, deveria encontrar sua completa suficiência através da Palavra.

Além disso, ensinar, repreender, corrigir e educar na justiça era o dever de Timóteo e de todos os pregadores; todas essas coisas só podem ser feitas aplicando-se a Escritura inspirada, suficiente.

Esses dois versículos dizem-nos claramente que o homem de Deus deve estar comprometido com a Palavra de Deus.

Uma Planta Para o Desastre

Certa vez, em uma conferência de pastores, um homem me perguntou: "Qual é o verdadeiro segredo da vitalidade e do crescimento da Igreja Comunidade da Graça?"

Eu disse: "O ensino claro e poderoso da Palavra".

Fiquei chocado quando ele retrucou: "Não venha com essa! Eu já tentei e não funciona. Qual é mesmo o *verdadeiro* segredo?"

Eu conhecia o suficiente sobre aquele pastor para saber que, se lhe perguntasse se cria na suficiência da Escritura, ele teria dito que sim. Mas o que ele professa crer não acompanha sua filosofia de ministério. Presumindo que, para edificar sua igreja eficazmente, necessita de algum truque, alguma estratégia engenhosa, ou uma metodologia mais atualizada. Ele está tentando suplementar as supostas inadequações da Palavra de Deus. Provavelmente sem perceber, concluiu que a Bíblia sozinha é um recurso inadequado para o ministério e está buscando algo mais para preencher a lacuna.

Outro líder cristão declarou acreditar que crê que nunca haverá um avivamento nos Estados Unidos até que tenhamos um

Congresso Nacional constituído por crentes. Ele deixou o pastorado e está trabalhando para eleger crentes para cargos políticos. Acredita que pode conseguir, através da política, o que nunca conseguiu através do ensino da Palavra de Deus. Provavelmente, daria a vida pela veracidade das Escrituras, mas, por alguma razão, ele não crê que pregá-la para as pessoas surtirá um impacto tão grande quanto a ação política.

A política pode alcançar resultados espirituais que a Bíblia não pode? Nos dias de Neemias, a Palavra de Deus produziu um avivamento nacional (Ne. 8). A Escritura é hoje, de algum modo, menos eficaz do que era naquela época? Sem dúvida, meu amigo afirmaria verbalmente a plena autoridade, o pleno poder e a plena suficiência da Bíblia. Todavia, na prática, ele se rendeu aos formadores de tendências que sentem faltar algo extra.

Mais e mais, vejo a mesma tendência em igrejas que, de outra forma, aparentam ser firmes. Pastores se voltam para livros sobre teoria secular de administração, em busca de ajuda. Eles vêem o presidente de uma corporação multinacional como um modelo, como se os atuais conceitos comerciais fornecessem orientações mais importantes para a edificação do reino de Deus do que aquelas que as Escrituras fornecem. Porém, o mundo dos negócios está preocupado com a aparência e com o lucro, não com a verdade. Infelizmente, a igreja absorveu este distorcido senso de prioridades. Líderes cristãos parecem obcecados por promover o crescimento da igreja através da engenhosidade humana. Eles são sempre mais versados nas teorias modernas de administração do que na teologia bíblica. Entretanto, a Escritura afirma que é o Senhor quem acrescenta pessoas à igreja (At. 2.47), e não os homens. Cristo disse que edificaria a sua igreja (Mt. 16.18). Os meios legítimos de crescimento da igreja são todos sobrenaturais, porque a igreja é sobrenatural. Por que devemos acrescentar métodos humanos ao que Deus está fazendo para edificar sua igreja?

Estou convencido de que os cristãos que buscam estratégias de ministério fora das Escrituras inevitavelmente acabam se opondo à obra de Cristo, mesmo involuntariamente. Não precisamos recorrer à maculada sabedoria deste mundo para descobrir novas idéias ou respostas para questões espirituais. Para nós, as únicas respostas confiáveis estão na Bíblia. Isso é verdade não somente na área de aconselhamento, como temos visto, mas também em assuntos tais como evangelismo, crescimento espiritual, liderança da igreja e outros assuntos que os crentes devem conhecer, se tiverem de ministrar com eficácia. A Escritura é a única planta perfeita para todo ministério genuíno, e aqueles que edificam de acordo com qualquer outra planta estão erigindo uma estrutura que será inaceitável ao Construtor-Mestre.

Que Mais se Pode Dizer?

Estaria eu anulando toda fonte de ajuda extra-bíblica, considerando-a inteiramente inútil? Não há idéias proveitosas para se adquirir das observações dos sociólogos e psicólogos? Não há princípios úteis para líderes eclesiásticos aprenderem dos peritos em administração secular? Não há técnicas que os pastores possam legitimamente aplicar, a partir das observações empíricas de um especialista sobre o crescimento da igreja? Não há *nada* a se aprender fora da Bíblia que possa ser útil à igreja?

Útil, talvez. Necessário, não. Se forem necessários, estão na Escritura. De outro modo, Deus nos haveria deixado em falta do que precisamos; e isso seria inimaginável. A sabedoria humana ocasionalmente coincide com a verdade. Até um relógio parado estará certo duas vezes por dia. Mas isso é um desempenho pobre, se comparado à Escritura, que é verdadeira em todas as suas declarações e suficiente para a vida e o crescimento da igreja.

Certamente não há nada errado em um pastor ler livros

seculares sobre relacionamentos ou administração e implementar uma sugestão útil que porventura encontre ali. Mas, se ele está estudando tais coisas porque pensa poder encontrar algum grande e indispensável segredo, não revelado na Escritura, sobre como curar os males da alma ou como lidar com uma igreja, então ele tem uma visão reduzida da suficiência da Bíblia. Se baseia seu trabalho nas sugestões seculares, provavelmente inventará um sistema de evangelismo, aconselhamento ou liderança eclesiástica que não é bíblico.

De igual maneira, um pastor pode legitimamente estudar oratória para aperfeiçoar suas habilidades de pregação; ou um músico da igreja pode estudar técnicas para cantar mais expressivamente. Os crentes envolvidos no ministério da igreja podem colher ajudas úteis deste tipo de aprendizado. Mas, pensar que técnicas melhores podem acrescentar qualquer grama de poder à mensagem bíblica é ter uma compreensão inadequada da suficiência da Palavra de Deus.

Eu conheci um homem que deixou a igreja onde ele era ministro de música, a fim de entrar para o *"show business"*. Ele me disse: "Aprendi uma coisa: você não pode simplesmente ir lá e pregar o evangelho para as pessoas. Você precisa de uma plataforma. Você precisa ter o respeito das pessoas. Se me tornar famoso e usar meu *status* como artista para pregar o evangelho às pessoas, imagine como seria poderosa a mensagem!"

Minha resposta foi que a mensagem não poderia ser mais poderosa do que já é, e o poder de alguém ao apresentá-la nada tem a ver com o ser célebre. O evangelho "é o poder de Deus para a salvação de todo aquele que crê" (Rm. 1.16). O que estava dizendo este futuro "super-star"? Ele crê que o pobre evangelho vai coxeando até lhe darmos credibilidade? E isto nós o fazemos por intermédio da fama, e não da virtude; por intermédio da técnica, e não no poder do Espírito de Deus?

Como a igreja primitiva funcionou sem a "perícia" que temos hoje? Entretanto, aqueles cristãos viraram o mundo de cabeça para baixo (At. 17.6), e o fizeram sem qualquer testemunho de celebridades, sem teorias modernas de administração, sem psicoterapia, sem meios de comunicação de massa e sem a maioria dos meios que as igrejas contemporâneas parecem considerar essenciais. Tudo que tinham era a Palavra de Deus e o poder do Espírito, mas sabiam que isso era suficiente.

Como é que a pobre, humilde, devota igreja por trás da cortina de ferro durante todos estes séculos permaneceu tão poderosa sem as estratégias de *marketing* do Ocidente?

Eu temo que, no mundo ocidental, igrejas e líderes cristãos que, com determinação, se apegam à suficiência da Bíblia estejam se tornando coisa do passado. J. I. Packer viu essa tendência anos atrás e escreveu:

> *O observador externo nos vê a cambalear de truque em truque, de façanha em façanha, como bêbados numa cerração, sem saber onde estamos ou que caminho deveríamos tomar. A pregação está nebulosa; as mentes estão desorientadas; os corações aflitos; as dúvidas esgotam as forças; a incerteza paralisa a ação... Nos falta a certeza, diferentemente dos cristãos primitivos, os quais em três séculos ganharam o mundo de Roma, e dos crentes posteriores a eles, que foram pioneiros da Reforma, do despertamento Puritano, do avivamento evangélico e do grande movimento missionário do último século.*[1]

A igreja carece de certeza porque adotou uma visão imprópria quanto à Escritura. Evidentemente muitos cristãos não mais crêem que a Bíblia é o guia todo-suficiente da vida e conduta da igreja.

O que diz o Autor Divino

Para contrariar essa tendência, devemos entender o que Deus revela sobre a completa suficiência da Escritura, deixando que ela determine qual será a nossa filosofia de ministério. Qualquer outra coisa negará a Deus o lugar de soberana autoridade em nossa vida e ministério.

Paulo salienta a plena suficiência das Escrituras, em 2 Timóteo 3.16, mostrando quatro maneiras segundo as quais Deus testificou que sua Palavra é integralmente adequada para cada necessidade espiritual:

A Escritura ensina a verdade. Primeiramente, a Escritura é útil para o ensino. A palavra grega traduzida por "ensino" (*didaskalia*) faz uma referência primária ao *conteúdo* do ensino, em vez de ao *processo* do ensino. Isto é, a Escritura é o manual da verdade divina, segundo o qual a nossa vida precisa ser governada.

Todo cristão tem a capacidade espiritual de receber e reagir às Escrituras. Os que não são crentes carecem desta receptividade à verdade bíblica: "O homem natural não aceita as coisas do Espírito de Deus, porque lhe são loucura; e não pode entendê-las, porque elas se discernem espiritualmente" (1 Co. 2.14). O cristão, ao contrário, tem a "mente de Cristo" (v.16). O Espírito Santo capacita-o a apreender a Palavra de Deus com discernimento, sabedoria e entendimento espiritual. Nenhum cristão carece dessa habilidade; cada um possui, habitando em si, o Espírito Santo como Mestre da verdade (1 Jo. 2.27).

No sentido prático, nossa santidade é diretamente proporcional ao nosso conhecimento e à nossa subseqüente obediência à Palavra de Deus. O salmista disse: "Guardo no coração as tuas palavras, para não pecar contra ti" (Sl. 119.11). Quanto mais completo é o nosso conhecimento prático da Bíblia, menos susceptíveis somos ao pecado e ao erro. O Senhor afirmou, em Oséias 4.6: "O meu povo está sendo destruído, porque lhe falta o conhecimento". Tendo rejeitado o verdadeiro conhecimento, eles se tornaram incapazes de viver como Deus queria que vivessem. Eles desprezaram intencionalmente a Palavra de Deus; mas, a negligência, assim como a complacência, tem o mesmo efeito destrutivo.

O melhor meio para se evitar problemas espirituais sérios, portanto, é dedicar-se ao fiel, paciente e completo estudo da Escritura, com um coração obediente; "então, farás prosperar o teu caminho e serás bem-sucedido" (Js. 1.8).

A Escritura reprova o pecado e o erro. A Escritura também é útil para a repreensão (2 Tm. 3.16). Ela confronta e repreende a má conduta e o falso ensino. De acordo com o Pastor Richard Trench, reprovar é "repreender a outrem com um eficiente brandir do vitorioso braço da verdade, de modo a trazê-lo, se não à confissão, pelo menos a uma convicção de pecado".[2] A Escritura tem este efeito sobre nós, quando a estudamos e sentimos seu poder convencedor, e sobre os outros, quando a expomos a eles.

Dois aspectos da repreensão são evidentes na Escritura: repreensão da conduta pecaminosa e repreensão do ensino errôneo. Paulo instruiu a Timóteo, que estava tentando purificar a igreja em Éfeso: "Prega a palavra, insta, quer seja oportuno, quer não, corrige, repreende, exorta com toda a longanimidade e doutrina" (2 Tm. 4.2). O propósito primário que ele tinha em mente era a repreensão da conduta pecaminosa. Timóteo deveria pregar e aplicar a Escritura de modo que as pessoas deixassem o pecado e andassem em santidade, mesmo estando por vir o tempo quando a maioria das pessoas não toleraria tal pregação (v.3).

Hebreus 4.12-13 também fala de repreender a conduta pecaminosa. O versículo 12 retrata a Palavra de Deus como uma espada de dois gumes que corta penetrando o ser da pessoa, para expor e julgar seus pensamentos e motivações mais íntimos. O versículo 13 diz: "Não há criatura que não seja manifesta na sua presença; pelo contrário, todas as coisas estão descobertas e patentes aos olhos daquele a quem temos de prestar contas". Deus penetra nosso coração com sua Palavra e nos deixa descobertos diante de seus olhos.

A palavra grega traduzida por "descobertas", nesse versículo, era usada para referir-se a criminosos sendo levados ao tribunal ou para execução. Freqüentemente um soldado segurava a ponta de um punhal sob o queixo do criminoso para forçá-lo a erguer a cabeça para que todos pudessem ver quem ele era. De modo semelhante, a Escritura nos expõe o que realmente somos e nos força a encarar a realidade do nosso pecado.

Talvez você tenha tido períodos em que caiu em complacência espiritual e sentiu-se contente com seu pecado; então, lhe aconteceu de a Palavra de Deus penetrar seu coração, com convicção espantosa. Este é o poder repreendedor da Escritura, e é uma bênção preciosa.

Uma boa forma de assegurar que nossas igrejas não se tornem refúgios para pecadores obstinados é os pastores pregarem a Palavra fielmente e com exatidão. Os crentes serão convencidos de seus pecados, e a maioria dos incrédulos ou se arrependerá, ou sairá. Poucas pessoas aceitarão expor-se à repreensão da Palavra de Deus, semana após semana, se não desejam a santidade. Jesus disse que os ímpios odeiam a luz e não se aproximam dela para que seus feitos não sejam manifestos (Jo. 3.20). Fazer incrédulos e ímpios se sentirem bem acolhidos e confortáveis na igreja, por meio de uma pregação insípida e superficial e que não os confronta, leva-os a ter uma falsa segurança, baseada em sua presença, participação, sentimentos religiosos e aceitação. Isso pode ser uma ilusão condenatória.

A Escritura, como o padrão pelo qual devem ser testadas todas as coisas que alegam ser verdade, também reprova o ensino errôneo. O apóstolo João revela o poder da Palavra como verdade, quando diz que os crentes que vencem o Maligno o fazem porque são "fortes, e a palavra de Deus permanece" neles (1 Jo. 2.14).O Maligno, Satanás, trabalha utilizando-se da falsa religião (2 Co. 11.14), mas é ineficaz com os que são fortes na Palavra. Por isso as seitas tentam desacreditar, distorcer ou suplantar a Escritura com seus próprios escritos. Visto que a Bíblia mostra a realidade dos erros das seitas, elas precisam mudar o significado da Escritura, para justificarem a si mesmas. Porém, aqueles que falsificam a Escritura o fazem para sua própria "destruição" (2 Pe. 3.16).

Crentes que têm um amplo entendimento da veracidade bíblica não são como crianças sem discernimento, mas são como jovens fortes que podem facilmente reconhecer a falsa doutrina, evitando ser "como meninos, agitados de um lado para outro e levados ao redor por todo vento de doutrina, pela artimanha dos homens, pela astúcia com que induzem ao erro" (Ef. 4.14).

A Escritura corrige o comportamento. A Escritura também é útil para a correção (2 Tm. 3.16). Ela não apenas revela o comportamento pecaminoso e o ensino errôneo como também os corrige. A palavra grega traduzida por "correção" (*epanorthōsis*) literalmente significa "endireitar" ou "erguer". Em outras palavras, a Escritura nos restaura a uma correta postura espiritual.

Freqüentemente experimento isso; e você? A Escritura atinge profundamente meu coração e traz convicção, mas depois ela dá instrução para que eu possa corrigir o meu pecado. Ela não me deixa espiritualmente encalhado. Enquanto deixamos a Palavra habitar ricamente em nós (Cl. 3.16), ela nos edifica (At. 20.32) e transforma nossas fraquezas em forças.

Existe um aspecto purificador no poder corretivo da Bíblia. Jesus disse: "Vós já estais limpos pela palavra que vos tenho falado" (Jo. 15.3). Nenhum método de terapia, concebido pelos homens, ou nenhum programa já inventado por qualquer perito pode ter esse efeito corretivo e purificador. Mas todo crente já o experimentou. Esta é mais uma evidência da perfeita suficiência dos recursos que herdamos em Cristo.

A Escritura educa na justiça. "Educação na justiça" (2 Tm. 3.16) é outro processo pelo qual a Palavra de Deus transforma nosso pensamento e nosso comportamento.

A palavra grega traduzida por "educação" é *paideion*. Esta palavra pertence à família de *paidion*, que, em outros lugares do Novo Testamento, se traduz por "criança" ou "crianças" (por exemplo, Mt. 14.21; Mc. 5.39). Assim, este versículo mostra Deus treinando os crentes como um pai ou um professor treinaria uma criança. Desde a infância espiritual até à maturidade espiritual, a Escritura treina e educa os crentes no viver santo.

A Escritura é o alimento espiritual. Paulo instruiu Timóteo a ser "alimentado com as palavras da fé e da boa doutrina" (1 Tm. 4.6). Jesus disse: "Não só de pão viverá o homem, mas de toda palavra que procede da boca de Deus" (Mt. 4.4). Pedro disse que deveríamos desejar o alimento da Palavra, com a mesma intensidade do desejo de um bebê pelo nutrimento do leite (1 Pe. 2.2).

Tiago afirmou: "Despojando-vos de toda impureza e acúmulo de maldade, acolhei, com mansidão, a palavra *em vós implantada*" (Tg. 1.21 — ênfase minha). Esta é a nossa parte. Devemos receber a Palavra com um coração puro e uma atitude humilde. Enquanto o fazemos, ela progressivamente renova e transforma nosso pensamento, nossa atitude, ações e palavras, treinando-nos na justiça.

Meditação freqüente e estudo criterioso da Palavra de Deus são essenciais para a saúde espiritual e para a vitória. Até mesmo aqueles que conhecem bem a Bíblia devem refrescar-se no seu poder e relembrar as suas verdades. Foi isso que levou Pedro a escrever:

> *Por esta razão, sempre estarei pronto para trazer-vos lembrados acerca destas coisas, embora estejais certos da verdade já presente convosco e nela confirmados. Também considero justo, enquanto estou neste tabernáculo, despertar-vos com essas lembranças, certo de que estou prestes a deixar o meu tabernáculo, como efetivamente nosso Senhor Jesus Cristo me revelou. Mas, de minha parte, esforçar-me-ei, diligentemente, por fazer que, a todo tempo, mesmo depois da minha partida, conserveis lembrança de tudo (2 Pe. 1.12-15).*

Paulo, ao partir de Éfeso, ordenou aos anciãos que permanecessem fiéis à única fonte de força e saúde espiritual: "Agora, pois, encomendo-vos ao Senhor e à palavra da sua graça, que tem poder para vos edificar e dar herança entre todos os que são santificados" (At. 20.32).

Paulo compartilhou da perspectiva de Pedro sobre a importância de sermos constantemente lembrados do que já sabemos: "Quanto ao mais, irmãos meus, alegrai-vos no Senhor. A mim, não me desgosta, e é segurança para vós outros que eu escreva as mesmas coisas" (Fp. 3.1). Devemos sistematicamente nos refrescar não somente com novas verdades, mas também com antigas verdades que já conhecemos bem. Esse tipo de intensa concentração na Palavra de Deus nos assegura que seremos perfeitamente habilitados "para toda boa obra" (2 Tm. 3.17).

Um Apelo ao Discernimento

Muitos têm perdido a confiança na suficiência da Palavra de Deus porque nunca, de fato, aprenderam suas verdades ou como aplicá-la adequadamente. No entanto, a Escritura é uma parte crucial da armadura espiritual e compõe o equipamento necessário para que o cristão seja completo (Ef. 6.11). A espada do Espírito, a Palavra de Deus (v.17), é a única arma ofensiva que Paulo menciona naquela passagem. Como qualquer arma, ela deve ser usada habilmente para ser mais eficaz. Isso está implícito na palavra grega que Paulo usou para "espada". Paulo não usou a palavra *rhomphaia*, que se refere a uma espada larga, mas *machaira*, uma pequena adaga. O termo grego traduzido por "palavra" é *rhema*. Isto se refere a algo específico. Como uma pequena adaga é aplicada com habilidade e precisão a uma área vital do corpo, assim também devemos usar a Palavra cuidadosamente e com maestria, aplicando princípios específicos dela a cada situação que enfrentamos. Foi assim que Jesus lidou com Satanás (Mt. 4.1-11; Lc. 4.1-13).

Como está a sua habilidade com a espada do Espírito? Você tem uma compreensão ampla da Escritura e sabe como aplicá-la com precisão? Se você aprender a usá-la apropriadamente, a Palavra poderá ser uma arma eficaz para qualquer desafio. Entretanto, perder tempo e energia com armas fabricadas por homens, fará de você uma vítima indefesa na batalha espiritual.

Lucas descreveu o povo judeu de Beréia como sendo nobre (At. 17.11), pois eles examinaram as Escrituras antes de aceitar qualquer coisa que Paulo dizia. Ah! se hoje os cristãos fossem tão nobres! Asseverar a verdade da Palavra de Deus e apoiar aqueles que a proclamam com exatidão é uma atitude digna de louvor. Por outro lado, tolerar falsa doutrina e mestres apóstatas é espiritualmente fatal; e é tolice não sabermos a diferença. Mas o espírito de tolerância que hoje prolifera na igreja tem a tendência de tachar como estreita, sem amor e causadora de divisão qualquer pessoa que tenta questionar o ensino dos outros. A conseqüência da tolerância ao erro é a indiferença à verdade; e isso é desastroso.

A igreja tornou-se indolente. Ela tem deixado de pensar de modo bíblico e cuidadoso e tem tolerado muito ensinamento falso. Cada vez menos cristãos estão encarando a vida com a mesma atitude dos bereanos. Deixaram de desenvolver o hábito de discernir ou aplicar os princípios bíblicos às suas situações diárias. Conseqüentemente, quando se vêem em problemas, presumem que a Escritura não lhes pode ajudar. Então, se voltam para alternativas humanistas e mundanas que apenas lhes trazem pesar. De uma forma insensata eles renunciam a suficiência que possuem em Cristo e, então, lutam para preencher o vazio com substitutos totalmente inadequados.

Além do mais, ao deixarem de se firmar sobre princípios bíblicos, abrem a porta para todo tipo de influências malignas. O Dr. Robert Thomas, professor de Novo Testamento no Seminário Master, adverte:

> As pessoas não se tornam heréticas de uma vez; isso acontece gradualmente. Elas não se tornam assim intencionalmente, na maioria das vezes. Mas, deslizam para a heresia através da negli-

gência no manuseio da palavra da verdade... Tudo o que é necessário para tomar o caminho da heresia é uma ansiedade por algo novo e diferente, uma idéia nova, juntamente com uma certa preguiça, descuido ou falta de exatidão no manusear a verdade de Deus. Por todo lado há espantosos exemplos de deslize doutrinário e total fracasso. Caso após caso, alguém que deveria conhecer bem a verdade de Deus fracassou em sustentar essa verdade.[3]

Assim, a igreja está perdendo sua habilidade em discernir entre a verdade e o erro. Isso por sua vez se reflete no viver profano daqueles que se identificam com a igreja. Estamos vendo estas coisas acontecerem com alarmante rapidez.

Infelizmente, alguns dos mais descuidados manuseadores da Escritura são aqueles cuja responsabilidade é ensinar. A teologia superficial que atualmente procede de muitos púlpitos é chocante. A igreja poderá aprovar os seus pastores cumprindo o seu chamado com indolente negligência? Certamente que não. Imagine as implicações práticas, se professores de matemática ou química fossem tão descuidados quanto aqueles que manuseiam a Palavra de Deus. Você gostaria de ser atendido por um farmacêutico que se descuidasse ao fornecer os remédios de sua receita médica? Você levaria seu projeto a um arquiteto que trabalhasse principalmente com cálculos aproximados? Você permitiria que um cirurgião lhe operasse com uma faca de mesa em vez de um bisturi? A triste verdade é que a sociedade rapidamente ficaria paralisada, se a maioria dos profissionais realizasse seu trabalho da forma como muitos professores da Bíblia o fazem.

Observe o que o Dr. Thomas escreve sobre a importância da precisão no ensinar a Bíblia:

A precisão... é um desejo que nos constrange a dominar a verdade de Deus em termos mais definidos, para facilitar uma apresentação mais exata dessa verdade aos outros e para nos guardar do deslize doutrinário, que leva ao erro e à falsa doutrina. Nem todos aprecia-

rão a precisão e voluntariamente concordarão com sua importância. Vivemos em um mundo cujo desejo é que estejamos satisfeitos com as estimativas aproximadas, particularmente quando se trata de assuntos teológicos. É necessário muita paciência e coragem para tolerar a crítica e a completa oposição que virá quando o servo de Deus insistir em precisão...

Hoje, há muitos intérpretes e expositores do tipo "eu acho que..." A atmosfera teológica do evangelicalismo está saturada com uma densa nuvem de incertezas e ênfases erradas, no manusear a Palavra de Deus. Muitas igrejas estão arruinadas por causa de uma hermenêutica negligente, da ignorância sobre as línguas bíblicas e da teologia não-sistemática. Interpretações aproximadas sobre o que esta ou aquela passagem significam não servem. Precisamos de expositores de qualidade, que tomarão tempo e farão os sacrifícios necessários para cumprirem suas tarefas corretamente e trazerem clareza à mente do povo de Deus, enquanto lêem e estudam a Sua santa Palavra.[4]

Recentemente, em certo domingo pela manhã, enquanto as pessoas se reuniam para o culto em uma igreja perto de minha residência, as vigas que sustentavam o teto começaram a rachar e ruir. Felizmente, ninguém ficou machucado, mas o prédio da igreja está inutilizado, necessitando de total reconstrução. O projeto pobre dos engenheiros deixou aquela congregação sem um lugar de reunião. Porém, por pior que seja, o desmoronamento da cobertura de um edifício não se compara ao desastre de um colapso espiritual em igrejas planejadas por "engenheiros" ineptos em manejar a Palavra. No entanto, este último ocorre com bem mais freqüência.

Pregue a Palavra... e Nada Senão a Palavra

É trágico quando o próprio construtor é responsável por falhas que inevitavelmente farão ruir obras que ele mesmo edificou. Este fato acontece com freqüência na igreja. É grande o número de pastores apóstatas e incompetentes; e isso está se tornando a norma e não a exceção. No livro, *Preach the Word* (Pregue a Palavra), Robert L. Reymond, professor de Teologia Sistemática e Apologética, no Seminário Teológico Aliança, em Saint Louis, Missouri, identifica o problema da seguinte forma:

> *Digo isto com tristeza, mas, na minha opinião, um analfabetismo teológico, que evoca o surgimento da heresia total, tem permeado a igreja; e isso mesmo ao vivermos em uma época quando as oportunidades de a igreja de Jesus Cristo progredir nunca foram tão boas. Tal analfabetismo tanto pode ser atribuído aos pastores apóstatas quanto à completa falta de pregadores evangélicos teologicamente bem preparados, capazes de corrigir os males que afligem a igreja.*
>
> *Não me entendam mal. Não há escassez de pregadores. Mas a pergunta contundente é: quantos, de fato, estão teologicamente qualificados para ministrar nos dias de hoje?*

Ele adverte os pregadores:

> *Façam aliança com Deus para aprender tudo quanto puderem da revelação escrita que Ele deu a sua igreja; para aprender em que os homens devem crer a respeito de Deus, de Cristo e de sua grande salvação... e quais os deveres Deus requer deles. Façam aliança com Deus para pregar à igreja aquilo que Deus lhes ensina, lembrando que Cristo ama a igreja e morreu em favor dela. Tal pregação promoverá a saúde da igreja e capacitará seus filhos para aquelas boas obras que Deus mesmo ordenou para eles. E, enquanto acontece o crescimento que só Deus pode dar, reguem com fervorosa oração o trabalho feito para Ele, a fim de que vocês sejam usados para plantar e nutrir a semente da Palavra na alma de homens necessitados.*[5]

A pregação evangélica tem de refletir nossa convicção de que a Palavra de Deus é infalível e inerrante. Muito freqüentemente ela não reflete. De fato, há uma tendência, no sistema evangélico contemporâneo, para nos distanciarmos da pregação expositiva e doutrinária e nos movermos em direção a uma pregação pragmática, superficial, tópica e centrada na experiência.

Os freqüentadores da igreja são vistos como consumidores para quem se tem de vender algo que eles gostem. Os pastores têm de pregar o que as pessoas querem ouvir, em vez de pregarem aquilo que Deus quer que seja proclamado.

Esta é a questão que Paulo abordou em 2 Timóteo 4.3-4: "Pois haverá tempo em que não suportarão a sã doutrina; pelo contrário, cercar-se-ão de mestres segundo as suas próprias cobiças, como que sentindo coceira nos ouvidos; e se recusarão a dar ouvidos à verdade, entregando-se às fábulas". Paulo proibiu Timóteo de pregar daquela maneira.

Qual é o ensino da Palavra de Deus sobre como devemos ministrar? Jesus ordenou: "Ide, portanto, fazei discípulos de todas as nações, batizando-os em nome do Pai, e do Filho, e do Espírito Santo; ensinando-os a guardar todas as coisas que vos tenho ordenado" (Mt. 28.19-20). Paulo disse: "Até à minha chegada, aplica-te à leitura, à exortação, ao ensino" (1 Tm. 4.13). "E o que de minha parte ouviste através de muitas testemunhas, isso mesmo transmite a homens fiéis e também idôneos para instruir a outros" (2 Tm. 2.2). "Tu, porém, fala o que convém à sã doutrina" (Tt. 2.1).

A pregação que não se esforça por comunicar ao homem a verdade de Deus não é uma pregação legítima. O pregador que evita a pregação doutrinária, por achar que ela é muito técnica ou inviável, abdicou sua responsabilidade bíblica. Ele é chamado a falar com a autoridade de Deus, e ninguém pode fazer isso se não pregar expositivamente a Palavra de Deus. Histórias comoventes, conselho moralista, psicologia, piadas e opinião pessoal, todos estes são vazios e incertos. Somente quando pregamos a Palavra com autoridade é que satisfazemos a intenção de Deus quanto ao chamado à pregação. Aquelas outras coisas são instrumentos para o tipo de pregação que produz coceiras nos ouvidos sobre a qual Paulo advertiu Timóteo:

> *Conjuro-te, perante Deus e Cristo Jesus, que há de julgar vivos e mortos, pela sua manifestação e pelo seu reino: prega a palavra, insta, quer seja oportuno, quer não, corrige, repreende, exorta com toda a longanimidade e doutrina. Pois haverá tempo em que não suportarão a sã doutrina; pelo contrário, cercar-se-ão de mestres segundo as suas próprias cobiças, como que sentindo coceira nos ouvidos; e se recusarão a dar ouvidos à verdade, entregando-se às fábulas. Tu, porém, sê sóbrio em todas as coisas, suporta as aflições, faze o trabalho de um evangelista, cumpre cabalmente o teu ministério (2 Tm. 4.1-5).*

Aquele solene encargo foi dado quando o apóstolo, sabendo de sua morte iminente (vv. 6-9), passou o manto a seu filho na fé. Ele ordenou que Timóteo continuasse a pregar, de maneira confrontadora, a poderosa Palavra de Deus. Ao escrever "insta" (v.2), Paulo usou um termo militar que significa: "estar a postos". A fidelidade ao dever é a idéia que este termo transmite. É um chamado a aproveitar toda oportunidade, "quer seja oportuno, quer não", quer seja conveniente ou inconveniente, quer seja popular ou impopular. Não há ocasião inadequada para a pregação da Palavra. Devemos proclamá-la constante e incessantemente.

O tom de tal pregação é "corrige", tem a idéia de refutar e lida com a mente. "Repreende" confronta as emoções, enquanto o pecado é exposto. "Exorta" enfatiza a chamada ao arrependimento e à obediência. Tudo isso deve ser feito com muita paciência através de cuidadosa instrução.

Esta é a ordem divina.

Não será fácil, porém. Por quê? Porque as pessoas não darão ouvidos, nem suportarão a pregação sólida da Palavra. Muitas igrejas hoje não suportariam, por dois domingos consecutivos, a pregação da sã doutrina bíblica, que confronta seu erro doutrinário, que o refuta, que traz convicção de pecado sobre o povo ou que os exorta à santa obediência. Eles substituiriam tal pregador por professores que alimentassem seus desejos e lhes fizessem cócegas aos ouvidos. Eles querem algo sensacional, que produza entretenimento, benefício próprio e lhes satisfaça o ego; querem algo que lhes faça sentirem-se bem e que produza sensação agradável. Por causa de tal sentimento, com alegria eles trocarão a verdade por fábulas, mitos e histórias.

"Dê-nos o que queremos!", eles pedem; e toleram apenas pregadores que assim o fazem. Uma olhada em algumas passagens do Antigo Testamento revela que isso não é algo novo. Isaías teve seu ministério em meio a uma geração semelhante à nossa:

> *Povo rebelde é este, filhos mentirosos,*
> *filhos que não querem ouvir*
> *a lei do SENHOR.*
> *Eles dizem aos videntes: Não tenhais visões;*
> *e aos profetas: Não profetizeis para nós o que é reto;*
> *dizei-nos coisas aprazíveis,*
> *profetizai-nos ilusões (Is. 30.9-10).*

O Senhor mesmo disse a Jeremias: "Os profetas profetizam falsamente, e os sacerdotes dominam de mãos dadas com eles; e é o que deseja o meu povo" (Jr. 5.31). Miquéias falou com precisão: "Se houver alguém que, seguindo o vento da falsidade, mentindo, diga: Eu te profetizarei do vinho e da bebida forte, será este tal o profeta deste povo" (Mq. 2.11).

No decurso de sua história, a igreja tem enfrentado períodos de apostasia e falta de discernimento semelhantes aos de Israel. No prefácio de um dos seus sermões, Charles Spurgeon confrontou alguns pastores de sua época com esta parábola:

Nos dias de Nero houve grande falta de alimento na cidade de Roma, embora houvesse abundância de cereais para se comprar em Alexandria. Certo homem que possuía um navio foi até o cais. Ali ele viu muitas pessoas famintas se esforçando para avistar algo no mar, atentas à chegada dos navios que trariam cereais de Alexandria.

Quando os navios chegaram à praia, um por um, o pobre povo torceu as mãos em amarga decepção, pois a bordo dos navios não havia senão areia. O terrível imperador lhes obrigara a trazer areia para usá-la na arena. Esta foi uma grande crueldade: mandar navios comerciais para lá e para cá, nada trazendo senão areia para os espetáculos dos gladiadores, enquanto homens morriam de fome e tanto se carecia de trigo.

Então o comerciante, cujo navio estava ancorado no porto, disse a seu capitão: "Preste bem atenção. Não traga qualquer outra coisa de Alexandria, a não ser trigo. E, ainda que outrora você trouxe uma ou duas medidas de areia no navio, desta vez não traga nenhuma medida de areia. Eu lhe ordeno: Não traga nada além de trigo; pois estas pessoas estão morrendo, e agora devemos usar nossos navios somente para trazer-lhes alimento.

Spurgeon prosseguiu, observando:

Infelizmente, tenho visto algumas poderosas embarcações carregadas com nada mais além da areia da filosofia e da especulação. Tenho dito a mim mesmo: "Não, eu não carregarei em meu navio senão a verdade revelada por Deus, o pão da vida tão necessário ao povo.[6]

Isso cativa meus próprios sentimentos.

---

1. J. I. Packer, *God Has Spoken: Revelation and the Bible* (London(:); Hodder and Stoughton, 1965), pp. 11-12.

2. Richard Trench, *Synonyms of the New Testament* (Grand Rapids(:); Eerdmans, 1983), p. 13.
3. Robert Thomas, "Precision as God's Will for My Life", panfleto, (Panorama City, CA(,); The Master's Seminary, 1989).
4. Ibid.
5. Robert L. Reymond, *Preach the Word! A Teaching Ministry Approved unto God* (Edinburgh, Rutherford House, 1988), pp. 84-85.
6. Charles H. Spurgeon, *The Metropolitan Tabernacle Pulpit*, vol. XXXII (Pasadena, Texas(,); Pilgrim Publications, 1986), pp. 385-386.

Capítulo 7

Hedonismo

Religioso

Porque a palavra de Deus é viva, e eficaz, e mais cortante do que qualquer espada de dois gumes, e penetra até ao ponto de dividir alma e espírito, juntas e medulas, e é apta para discernir os pensamentos e propósitos do coração. E não há criatura que não seja manifesta na sua presença; pelo contrário, todas as coisas estão descobertas e patentes aos olhos daquele a quem temos de prestar contas.

Hebreus 4.12-13

Fostes regenerados não de semente corruptível, mas de incorruptível, mediante a palavra de Deus, a qual vive e é permanente.

1 Pedro 1.23

Não muito tempo atrás, um homem, que eu não conhecia, entrou em meu escritório e disse: "Preciso de ajuda. Eu me sinto estranho ao vir até você, porque nem sequer sou crente; sou judeu. Até poucas semanas atrás eu nunca estivera em uma igreja. Mas, necessito da ajuda de alguém, então decidi falar com você".

Garanti a ele que faria o possível para ajudá-lo. Pedi-lhe que sentasse e explicasse sua perturbação. A conversa foi mais ou menos assim:

"Divorciei-me duas vezes", ele disse, "e agora estou vivendo com uma mulher que é minha amante. Eu nem mesmo gosto dela, mas não tenho coragem de deixá-la e voltar para minha segunda esposa".

"Sou médico", ele continuou. "Pior ainda, faço abortos; mato bebês para ganhar a vida. No ano passado, em minha clínica, ganhamos nove milhões de dólares em abortos. Não faço apenas abortos terapêuticos; faço abortos por qualquer razão. E, se a mulher não tiver uma razão, arranjo uma."

"Há seis semanas, vim à Igreja Comunidade da Graça, num domingo, e tenho vindo toda semana. Na semana passada você pregou uma mensagem intitulada 'Entregue a Satanás'. Se há alguém entregue a Satanás, esse alguém sou eu. Sei que estou condenado ao inferno por causa do que tenho feito. Sou totalmente miserável e infeliz. Estou indo a um psicanalista, mas não estou conseguindo nenhuma ajuda. Não suporto a culpa por tudo isso. Você pode me ajudar?"

Eu lhe respondi: "Não. Eu não posso ajudá-lo".

Ele me olhou, pasmado. O desespero total era evidente em sua face.

Deixei que minhas palavras penetrassem em seu coração, depois eu disse: "Mas conheço Alguém que pode ajudá-lo: Jesus Cristo".

Tristemente, ele respondeu: "Mas eu não sei quem Ele é. Durante toda a minha vida fui ensinado a não acreditar nEle".

Eu perguntei: "Você gostaria de saber quem é Jesus Cristo?"

Ele respondeu: "Sim, eu gostaria, se Ele pode me ajudar".

"Eis o que desejo que você faça." Peguei uma Bíblia, coloquei-a em cima de minha mesa e a abri no Evangelho de João; então, disse: "Quero que você leve este livro para casa e leia esta parte chamada Evangelho de João. Quero que continue a ler até que saiba quem é Jesus Cristo. Depois, procure-me novamente".

Mais tarde, naquela semana, relatei o incidente ao pastor de uma outra igreja. Ele disse: "Isso é tudo que você lhe deu? Somente o Evangelho de João? Por que você não lhe deu algum outro material de apoio, algumas fitas, algumas perguntas para responder — alguma coisa! Apenas a Bíblia?"

Eu respondi: "Não se preocupe. A Bíblia é como um leão. Você não precisa defendê-la. Apenas abra a porta e deixe-a sair. Ela cuidará de si mesma. Se o coração daquele homem estiver aberto, a Bíblia pode fazer mais para atingi-lo do que eu faria com centenas de outros materiais de estudo. O que mais eu poderia dar àquele homem, visto que nada é mais poderoso do que a própria Escritura?"

Na sexta-feira seguinte recebi um telefonema. O doutor queria me ver novamente. Marcamos um encontro. Ele veio exatamente na hora, entrou em meu escritório, passou por mim como se eu não estivesse lá, sentou-se no sofá, pôs a Bíblia a seu lado e disse: "Eu sei quem é Jesus Cristo".

Eu questionei: "Você sabe?"

Ele afirmou: "Sim, eu sei".

"Quem é Ele?", perguntei.

"Vou lhe dizer uma coisa: Jesus não é apenas um homem", foi a resposta dele.

Eu disse: "É mesmo? Quem é Ele?"

"Jesus Cristo é Deus!", respondeu ele objetivamente.

"Você, um judeu, está me dizendo que Jesus Cristo é Deus?", indaguei. "Como você sabe disso?"

Ele respondeu: "Está claro. Está bem aí no Evangelho de João".

"O que o convenceu disso?", foi a minha pergunta seguinte.

"Olhe as palavras que Jesus proferiu, olhe as coisas que Ele fez! Ninguém poderia falar e fazer aquelas coisas a menos que fosse Deus." Ele estava transmitindo com perfeição a mesma doutrina ensinada pelo apóstolo João.

Eu concordei entusiasticamente, balançando a cabeça.

Ele prosseguiu, falando tudo corretamente. "Você sabe o que mais Jesus Cristo fez? Ele ressuscitou. *Isso* prova que Ele é Deus, não é? Deus mesmo veio a este mundo!"

Eu lhe perguntei: "Você sabe por que Ele veio?"

"Sim. Ele veio para morrer pelos meus pecados."

"Como você sabe disso?", indaguei.

"Porque eu gostei tanto de João que li Romanos. E, logo que acertar minha vida, vou me tornar um cristão."

Então expliquei: "Esta maneira de agir não é correta. Receba Jesus como Senhor e Salvador agora, e deixe que *Ele* acerte sua vida". Depois perguntei ao homem: "O que significaria tal decisão para sua carreira?"

"Bem", ele disse, "eu gastei esta tarde escrevendo minha carta de demissão para a clínica de abortos. Quando sair daqui, vou ligar para minha segunda esposa e trazê-la à igreja comigo". E ele assim o fez.

Por que alguém iria questionar o poder da Escritura em alcançar tal pessoa? O fato é que nada que eu pudesse ter dito àquele homem teria sido mais eficaz do que a verdade bíblica, que é inspirada pelo Espírito, para convencê-lo de seu pecado e mostrar sua necessidade de Cristo. Como afirma a passagem que abriu este capítulo: "A palavra de Deus é viva, e eficaz, e mais cortante do que qualquer espada de dois gumes, e penetra até ao ponto de dividir alma e espírito, juntas e medulas, e é apta para discernir os pensamentos e propósitos do coração" Hebreus 4.12. A Palavra de Deus é perfeitamente capaz de abrir os olhos dos incrédulos para a verdade do evangelho, é capaz de convencê-los do pecado ou mesmo de realizar uma cirurgia radical em sua alma.

No entanto, há muitos hoje que não crêem que a verdade da Palavra de Deus é suficiente para levar as pessoas ao arrependimento. Alguns crêem que também devemos ser capazes de exibir sinais, maravilhas e ressurreições para convencer os incrédulos da veracidade da Palavra. Outros sentem que devemos vestir o evangelho com roupagem de sutileza, torná-lo culturalmente relevante ou adaptá-lo para acomodar-se à dureza do coração dos incrédulos. Eles preferem trabalhar com semente sintética ao invés de semear a semente viva da Palavra de Deus. Tais pontos de vista sobre o evangelho negam o inerente poder da Palavra de Deus e do Espírito Santo e negam o lugar da soberania de Deus na redenção.

Fico perplexo com o que as pessoas pensam que devem fazer para aumentar o poder da Palavra de Deus. Li um artigo sobre uma cantora evangélica que tem sido criticada por se vestir de modo provocante e tomar banho de sol despida. Seu pastor, querendo defendê-la, declarou que ela só estava tentando usar a sexualidade, "num sentido piedoso", para alcançar com o evangelho o povo de sua cultura. Deus precisa de uma cantora *sexy* para fazer o que a Bíblia não tem poder para fazer? O argumento daquele pastor reflete o que muitos na igreja hoje parecem crer: você precisa de um "jeitinho" para apresentar o evangelho a um mundo hostil; você deve ser indireto, cativante, simplista e cuidadoso para não desinteressar ninguém. E se — Deus não permita — alguém sentir-se ofendido ou rejeitar a mensagem, significa que você falhou. Esta é uma perspectiva bíblica?

Não, não é. Tal perspectiva abriu a porta para algumas estratégias evangelísticas bizarras. A igreja imita quase todas as modas da sociedade secular. Rock metálico, *rap*, grafitagem, *break*, musculação, *jazz*, coreografia e humorismo, todos foram adicionados ao repertório evangélico. Ligue na maioria das emissoras evangélicas e verá um desfile de *shows* de entrevistas, vídeo-clipes, comédias, *shows* musicais de variedades e outras apresentações quase idênticas à programação de canais seculares, exceto que as emissoras evangélicas usam o nome de Jesus. Não é nada mais do que hedonismo à guisa da religião.

Muitos acham que sem algum chamariz a mensagem do evangelho não atingirá as pessoas e que, se não nos acomodarmos à moda de nossos dias, não devemos esperar que o evangelho seja eficaz. Lamentavelmente, o viver profano da parte daqueles que superficialmente professam a Cristo tem tornado impotente o testemunho da igreja. Assim, as igrejas modernas sentem que devem ter planos e programas para atrair os incrédulos que não podem ser persuadidos pela verdade revelada; isso porque aquelas mesmas pessoas têm sido repelidas pela hipocrisia do viver profano de membros das igrejas.

O Legado do Liberalismo

A noção de que a Escritura, em si mesma, é inadequada para o evangelismo certamente não é nova. O mesmo é verdade em relação à estratégia de tentar atualizar a mensagem do evangelho, usando a moda do dia, para torná-la mais atraente. Um artigo de 1928, escrito pelo famoso Harry Emerson Fosdick, apresentou uma amarga argumentação declarando que a pregação expositiva é inerentemente irrelevante:

Após um parágrafo ou dois de um sermão, grande parte de qualquer congregação deve começar a reconhecer que o pregador está lidando com algo de vital interesse para eles... E, se qualquer pregador não está fazendo isso, mesmo que tenha erudição e oratória à sua disposição, ele não está realizando bem a sua tarefa.

Muitos pregadores, por exemplo, habitualmente se entregam ao que chamam de sermões expositivos. Eles tomam uma passagem da Escritura e, supondo que as pessoas presentes na igreja, naquela manhã, estão profundamente preocupadas com o que significa a passagem, passam meia hora ou mais numa exposição histórica do versículo ou do capítulo, terminando com algumas aplicações práticas para os ouvintes. Com certeza, poderia qualquer outro procedimento estar mais predestinado à monotonia e à futilidade? Aliás, quem poderia afirmar que pelo menos um, dentre cem, dos ouvintes estaria preocupado com o que Moisés, Isaías, Paulo ou João queriam dizer naquela passagem específica, ou que pelo menos uma pessoa tenha vindo à igreja profundamente interessada em tais versículos? Ninguém que conversa com o público presume que o interesse vital das pessoas está centralizado no significado de palavras ditas há dois mil anos atrás...

Pregadores que tomam textos da Bíblia e depois apresentam seu contexto histórico, seu significado lógico no contexto, seu lugar na teologia do escritor, anexados a algumas reflexões práticas, estão empregando mal a Bíblia.[1]

Fosdick, é claro, foi um bem conhecido infiel que rejeitou a Escritura completamente. Sua filosofia era que o pregador nunca deveria começar da Escritura e pregar para o povo; ao invés disso, ele deveria começar pelos interesses de seu povo e suas visíveis necessidades, apresentando depois alguma suposta solução para os problemas do povo. Se a Escritura pudesse ser usada para fins ilustrativos, tudo bem, mas ela nunca seria o ponto de partida:

> O pregador moderno... deveria visualizar, com nitidez, alguma necessidade real, alguma perplexidade, pecado ou desejo em seus ouvintes. Depois deveria jogar sobre o problema toda a luz que pode achar na Escritura ou em outro lugar qualquer. Não importa qual a teoria de alguém sobre a Bíblia, esta é a maneira de pregar com eficiência. A Bíblia é uma lanterna, não tanto para ser contemplada, mas para ser focalizada sobre um lugar obscuro.²

Fosdick continuou:

> Não há nada em que as pessoas estejam tão interessadas como em si mesmas, em seus problemas e no modo de resolvê-los. Esse fato é fundamental. Toda pregação que ignora este fato não pode despertar o menor interesse nos ouvintes.³

Ironicamente, esse ponto de vista humanista e liberal a respeito da pregação é precisamente a rota que muitos, dos que se dizem evangélicos, estão tomando hoje. O pastor de uma grande igreja ecoa a filosofia de Fosdick: "Temos gasto muito tempo pensando o que as pessoas incrédulas esperam de um culto de domingo de manhã; concluímos que basicamente elas querem quatro coisas: participar dos cultos de forma anônima, que a mensagem seja simples, que o ambiente os deixe sem qualquer receio e que a pregação trate de assuntos contemporâneos e relevantes".

A igreja deste pastor está se esforçando ao máximo para oferecer aos que não são da igreja o que eles dizem estar buscando. A busca por relevância tem levado esta igreja, e outras semelhantes a ela, a deixar de lado quase toda expressão tradicional de culto. Os cultos de domingo se tornaram espetáculos de primeira classe, envolvendo música, humor e drama; sem qualquer ensino da Bíblia ou exposição da Palavra. O fundo musical para a entrega das ofertas tende a ser mais como a trilha sonora de um filme do que uma música com uma mensagem espiritual. É feito todo o possível para agradar os de fora da igreja. Nada se permite que possa desafiá-los ou incomodá-los. Tal atitude se mostrou tão bem sucedida em atrair multidões, que centenas, talvez milhares, de igrejas adotaram a mesma filosofia.

Tais igrejas se voltaram para métodos de comercialização e entretenimento num esforço para atrair as pessoas. A pregação simples e direta ficou fora de moda. Tal pregação confronta demais as pessoas, e o evangelho puro e simples é muito ofensivo. Expor a Bíblia é considerado repugnante. É melhor encantar as pessoas primeiro, para depois apresentar de modo sutil o evangelho. Igrejas que abraçaram esta filosofia de culto crêem que devem oferecer entretenimento e um ambiente agradável, ao invés de anunciar as grandes verdades da Palavra e as profundas experiências de adoração, oração e arrependimento.

Qualquer pastor que segue esse padrão e deixa de pregar a Palavra está prostituindo o seu ministério. Qualquer igreja que visa divertir os não-convertidos se colocou em oposição a Deus. "Infiéis, não compreendeis que a amizade do mundo é inimiga de Deus? Aquele, pois, que quiser ser amigo do mundo constitui-se inimigo de Deus" (Tg. 4.4). A igreja deve confrontar o mundo. A mensagem que Deus nos chamou a pregar não foi designada a fazer os pecadores sentirem-se confortáveis. O *temor do Senhor* é o que deve nos motivar a persuadir os homens (2 Co. 5.11). Muitos pregadores hoje temem ofender as pessoas; então pregam uma mensagem insípida e sem poder, que de fato é uma ofensa a Deus.

Compare essa tendência com o que sabemos a respeito da pregação da igreja primitiva. Paulo desafiou a igreja dos gálatas, dizendo: "Porventura, procuro eu, agora, o favor dos homens ou o de Deus? Ou procuro agradar a homens? Se agradasse ainda a homens, não seria servo de Cristo" (Gl. 1.10). Ele afirmou: "...não me envergonho do evangelho..." (Rm. 1.16).

A maneira como Paulo confrontou Félix e Drusila (At. 24.24-27) desafia qualquer dos axiomas do vergonhoso evangelismo de nossos dias. Ele lhes declarou a verdade de Deus, sem se preocupar com a posição social, o poder ou o prestígio deles — "Assim que, nós, daqui por diante, a ninguém conhecemos segundo a carne; e, se antes conhecemos Cristo segundo a carne, já agora não o conhecemos deste modo" (2 Co. 5.16). Paulo não lhes ofereceu palavras de conforto, consolação ou encorajamento; de fato, sua mensagem assustou tanto a Félix que este mandou Paulo retirar-se (v.25). O apóstolo discutiu com Félix e Drusila sobre três assuntos: a justiça, o domínio-próprio e o Juízo vindouro (v.25). Esses, de fato, são o foco principal do ministério de convicção realizado pelo Espírito Santo (Jo. 16.8-11). Esses eram tópicos particularmente alarmantes para Félix e Drusila, cuja devassidão era bem conhecida por todo o império romano. Isso não levou Paulo a deixar de desafiá-los com ousadia.

Lembre-se também que Paulo estava diante de Félix como um prisioneiro diante de um juiz. Félix poderia ter ordenado que Paulo fosse libertado da prisão. Contudo, o apóstolo não tentou agradá-lo ou lisonjeá-lo. Paulo apenas se preocupou em pregar a verdade para este homem, a quem ele via como um pecador carente da salvação. Paulo preferia fazê-lo sentir-se miserável e aterrorizado, sabendo de sua necessidade de um Salvador, do que fazê-lo sentir-se tranqüilo, mas na ignorância e a caminho do inferno.

Quando Pedro pregou no dia de Pentecoste, as pessoas foram compungidas no coração (At. 2.37-41). Ele não procurou conquistá-las; não tentou encantá-las, diverti-las ou fazê-las sentirem-se bem; não fez esforço algum para engendrar uma reação satisfatória.

Apenas proclamou a verdade. Essa é a única metodologia que o Espírito Santo usa. Aqueles que aplicam qualquer outra técnica estão agindo por conta própria.

Um sincero compromisso de glorificar a Deus caracterizou todos os aspectos do ministério da igreja no Novo Testamento. Aqueles cristãos não estavam preocupados com a opinião do mundo, tal como as igrejas parecem estar hoje. Quando os crentes se reuniam no primeiro dia da semana, não tinham o objetivo de se divertir ou entreter seus vizinhos pagãos. O ensino, a comunhão, o partir do pão e a oração (At. 2.42) constituíam seu programa de culto. Tudo girava em torno da pregação da Palavra (2 Tm. 2.2). Pelo menos em uma ocasião, na igreja de Trôade, o apóstolo Paulo expôs a Palavra de Deus até a meia-noite (At. 20.7); depois, ficou até ao amanhecer falando com as pessoas (v.11). A maioria das igrejas hoje ficaria em pé de guerra, se o pregador proclamasse a verdade de Deus por tanto tempo!

Atualmente os cultos de adoração, em muitas igrejas, são como um carrossel. Você põe uma ficha na caixa coletora; vale por uma volta. Há música e muito movimento para cima e para baixo. A volta é cuidadosamente cronometrada e geralmente tem a mesma duração. Surgem muitos sentimentos bons, e você pode estar certo de que as voltas não serão nem um pouco ameaçadoras ou desafiadoras. E, embora você passe o tempo todo sentindo com se estivesse indo a algum lugar, você sai exatamente no mesmo local onde entrou.

Aparentemente não há limite ao que algumas igrejas farão para entreter as pessoas. Eu sei de igrejas que estão oferecendo extravagâncias musicais, que incluem danças, música rock e exibições quase idênticas aos *shows* de Las Vegas. Um pastor, quando indagado sobre a razão pela qual permitia tais apresentações em sua igreja, afirmou: "Isso atrai as pessoas". Esta é uma abordagem pragmática do ministério — aquilo que funciona é o que se acha aceitável.

O que há de Errado com o Pragmatismo?

O erro do pragmatismo é considerar as metodologias que "funcionam" como mais importantes e mais viáveis do que as metodologias bíblicas. Um pragmático se preocupa primeiramente em saber se determinada prática é vantajosa, não necessariamente se ela está em harmonia com a Escritura. Ele começa com a pergunta: "O que querem os incrédulos?" E constrói sua estratégia a partir daí, em vez de perguntar: "O que as Escrituras ensinam sobre o ministério da igreja", e, partindo daí, seguir um padrão bíblico.

A tendência contemporânea do pragmatismo ignora completamente as prioridades bíblicas para a igreja. As reuniões da igreja não deveriam ser estruturadas para os incrédulos. De acordo com a Escritura, a igreja se reúne para adoração, comunhão, edificação e encorajamento mútuo, dentro do corpo (At. 20.7 ss.; 1 Co. 16.1-2; Hb. 10.24- 25). A pregação da Palavra de Deus deve ser o ponto essencial em todo o culto e ministério corporativo da igreja (1 Tm. 6.2; 2 Tm. 4.2). A ênfase deve ser a comunhão com Deus através da oração e da adoração, não o entretenimento ou qualquer expressão de auto-satisfação (1 Co. 11.17-22). Em resumo, as atividades esboçadas em Atos 2.42 são a única ocupação válida para a igreja: "A doutrina dos apóstolos, a comunhão, o partir do pão e a oração".

Além do mais, o pragmatismo ataca a suficiência da Palavra de Deus no evangelismo. Não precisamos comercializar, disfarçar, atenuar ou tentar tornar o evangelho aceitável aos incrédulos. O evangelho puro é o poder de Deus para a salvação.

Onde quer que exista pragmatismo na igreja, há sempre uma correspondente amenização na doutrina da suficiência de Cristo, da soberania de Deus, da integridade das Escrituras, do poder da oração e dos ministérios do Espírito. Isto resulta em um ministério centralizado no homem, um ministério que procura realizar os propósitos divinos por meio de programas superficiais e de metodologia humana, e não por meio da Palavra ou do poder do Espírito.

O aliado do pragmatismo é o arminianismo, a teologia que nega a soberana eleição de Deus e afirma que o homem, por si mesmo, tem de decidir se confiará em Cristo ou O rejeitará. Isso põe sobre o evangelista a responsabilidade de usar técnicas que sejam inteligentes e criativas o bastante para influenciar a decisão de uma pessoa. Assim, o *conteúdo* da mensagem é subjugado à questão de como ela é apresentada.

Não nego a importância da pregação e do ensino poderosos e persuasivos. Paulo mesmo foi um brilhante pregador (por exemplo, ver Atos 18.4; 19.26; 26.28-29; 28.23). Mas ensinar ou dar a entender que a técnica humana pode trazer alguém a Cristo é contrário à Escritura (Jo. 6.37, 44) e, com efeito, nega a soberana graça de Deus. Sem Cristo e sem o ministério do Espírito Santo, nada podemos realizar (Jo. 15.5; 2 Co. 10.4).

Aqueles que colocam o entretenimento no lugar de uma clara proclamação da verdade estão em conflito com os desígnios de Deus para a igreja. Embora creiam que os resultados externos justificam seus métodos, eles estão causando males e não bem, não importa a multidão que consigam atrair. Qualquer metodologia usada simplesmente para atrair uma sociedade que se mostra indiferente é um pobre substituto para o claro ensino das Escrituras. Alguns meses de pregação firme, direta e sem bajulação sobre o arrependimento e a santidade reduziriam o número de ouvintes nas igrejas, mas revelariam os que estão genuinamente redimidos ou sendo guiados pelo Espírito Santo à redenção.

No entanto, o pragmatismo está remodelando quase todas as áreas do ministério evangélico. Onde a pregação ainda pode ser encontrada, tende a ser centralizada no homem e dominada por uma mentalidade que procura reconciliar o homem com os homens, e não o homem com Deus. Seu objetivo nem sempre é expresso, mas o seu verdadeiro propósito é acalmar as pessoas que estão totalmente imersas em si mesmas, em *suas* mágoas e em *suas* necessidades. Assim, o pragmatismo é alimentado pela tendência da sociedade em ser egoísta, ao mesmo tempo em que faz crescer esta tendência.

Há alguns anos, Robert Schuller esboçou um manifesto de um pragmatista:

> Quando a igreja procura alcançar os incrédulos com uma atitude teocêntrica, está abrindo as portas para o fracasso na área de missões. Os incrédulos, os que não crêem num vital relacionamento com Deus, vão desdenhar, rejeitar ou simplesmente ignorar o teólogo, orador, pregador ou missionário que se aproxima com uma Bíblia na mão, com teologia na cabeça e nos lábios, esperando que uma pessoa irreligiosa deixará de lado suas dúvidas e engolirá as afirmações teocêntricas como fato. Os incrédulos, penso eu, perceberão quando estou demonstrando genuíno interesse por suas necessidades e me preocupando honestamente com suas dores humanas.
>
> Durante décadas, temos visto a igreja na Europa Ocidental e na América declinar em poder, membresia e influência. Acredito que esse declínio é o resultado de se colocar as afirmações teocêntricas acima do atendimento às necessidades emocionais e espirituais mais profundas da humanidade.[4]

Este manifesto é uma clara solicitação para que a igreja proclame uma mensagem centralizada no homem, não em Deus. Schuller acredita que o grande defeito do cristianismo moderno é "o fracasso em proclamar o evangelho de um modo que possa satisfazer a necessidade mais profunda de cada pessoa, ou seja, o anseio espiritual pela glória humana".[5] Ele não podia estar mais errado. O evangelho é sobre a glória de Deus, e não sobre a glória do homem.

Poucas vezes os objetivos do pragmatismo são tão francamente expressos. É verdade que os pontos de vista do pragmatismo são opostos à Palavra de Deus. No entanto, dentre os que concordam verbalmente com a verdade da Escritura, muitos compraram a noção de que de algum modo devemos adaptar a mensagem bíblica, para fazê-la se encaixar às necessidades das pessoas.

As verdades mais básicas de nossa fé tornaram-se vítimas dessa teologia egocêntrica. Muitos evangelistas modernos reduziram a mensagem do evangelho a uma simples fórmula por meio da qual as pessoas podem viver uma vida feliz e mais completa. O pecado agora é definido levando-se em conta o modo como ele afeta o homem, e não como ele desonra a Deus. A salvação é sempre apresentada como um meio para se receber o que Cristo oferece, sem se obedecer ao que Ele ordena. A ênfase é mudada da glória de Deus para o benefício do homem. O evangelho que ensina perseverança deu lugar a um tipo de hedonismo religioso. A teologia contemporânea sugere que Jesus é o passaporte para se evitar todos os pesares e experimentar todos os prazeres da vida.

Assim, o pragmatismo sucumbiu à noção humanista de que o homem existe para sua própria satisfação. O humanismo ensina que, para as pessoas serem felizes, elas devem ter todas as suas necessidades e desejos satisfeitos. Para acomodar-se a esse conceito, o pragmatismo forja uma mensagem evangélica que soa como uma garantia de desejos realizados, em vez de uma chamada ao arrependimento, ao perdão e à reconciliação com Deus. Muitos que se dizem cristãos abandonaram o evangelho totalmente e, em vez de pregarem o evangelho, estão convidando as pessoas a buscarem auto-estima, influência política, igualdade social, segurança, prosperidade, saúde, riqueza, felicidade ou quaisquer outros tipos de aspirações que alimentam o "ego". Raramente o evangelho é apresentado com firmeza, e, por isso mesmo, os pecadores impenitentes poucas vezes o rejeitam.

Walter Chantry abordou corretamente o problema em seu livro *O Evangelho de Hoje: Autêntico ou Sintético?*:

> *Muitas das pregações modernas estão anêmicas, pois aquilo que é essencial a respeito da natureza de Deus está ausente delas. Os evangelistas centralizam sua mensagem no homem. Eles dizem que o homem pecou e perdeu uma grande bênção; e se deseja recuperar esta perda imensa, ele deve agir desta ou daquela maneira. Mas o evangelho de Cristo é bem diferente. Começa com Deus e sua glória. Proclama aos homens que estes ofenderam o Deus santo, que de maneira nenhuma deixará de punir os pecados dos homens. Relembra aos pecadores que a única esperança de salvação é encontrada na graça e no poder deste mesmo Deus. O evangelho de Cristo leva os homens a suplicar o perdão dAquele que é Deus santo.*
>
> *Existe uma grande diferença entre estas duas mensagens. Uma delas busca estabelecer uma trilha que conduza o homem ao céu, ignorando o Senhor da glória. A outra procura magnificar o Deus de toda a graça na salvação de homens.*[6]

O evangelismo que focaliza apenas a promessa de necessidades satisfeitas é uma total corrupção da mensagem bíblica. Em sua acurada biografia do falecido D. Martyn Lloyd-Jones, Iain Murray observou com exatidão:

> *Um evangelista precisa ter cuidado para não apelar simplesmente aos interesses pessoais do ouvinte e assim induzi-lo a tomar uma "decisão". Tal decisão não será para a salvação, mas deixará a pessoa no seu estado de incredulidade. Quando o evangelho é apresentado com ênfase em sua capacidade para satisfazer a carência humana por felicidade e por outras bênçãos, deixando de mostrar que o incorreto relacionamen-*

to do homem com Deus "é a pior das situações", poderá obter considerável sucesso, mas tal sucesso será temporário. Pensar na salvação como uma obra cujo objetivo primário não é o aproximar-nos de Deus, e, sim, o conceder-nos bênçãos, não requer verdadeira convicção de pecado para ser aceita. Martyn Lloyd-Jones não se surpreendia ao ver que tal evangelismo era realizado com frivolidade e leviandade e que, como resultado, acrescentava às igrejas os não-regenerados e os negligentes. *O verdadeiro convertido sempre quer libertação tanto do poder como da culpa do pecado*.[7]

O costume de apresentar o evangelho como um instrumento para satisfazer as "necessidades" das pessoas tem corrompido o verdadeiro evangelho e distorcido a doutrina da santificação. Muitos cristãos acham que não podem ser úteis para o Senhor até que alcancem realização pessoal e todos os seus problemas sejam resolvidos. Eles vêem a santificação como o processo pelo qual isso ocorre. Em seu livro *Need: The New Religion* (Necessidade: A Nova Religião), Tony Walter comenta:

> *Tornou-se moda seguir o ponto de vista de alguns psicólogos, os quais afirmam que o eu é um feixe de necessidades e que o crescimento pessoal se realiza quando satisfazemos progressivamente estas necessidades. Muitos cristãos seguem tais crenças... Uma evidência do quase total sucesso desta nova moralidade é que a igreja cristã, tradicionalmente dedicada a mortificar os desejos da carne e a crucificar as necessidades do eu, em busca da semelhança a Cristo, ansiosamente adotou para si a linguagem das "necessidades". Agora se ouve que Jesus vai atender a cada uma de suas necessidades, como se Ele fosse uma espécie de psiquiatra ou detergente divino, cujo propósito fosse simplesmente o de nos servir.*[8]

Não é difícil achar evidência desse tipo de pensamento na igreja. Alguns ministérios contemporâneos admitem categoricamente que atender às necessidades das pessoas é seu objetivo principal.

Mas isso é diametralmente oposto ao ensino das Escrituras. O objetivo da santificação é o conformar-se à imagem de Cristo (Rm. 8.29), não a auto-satisfação. A verdadeira santificação não é uma questão de avaliar a si mesmo e satisfazer as necessidades percebidas. É uma questão de conhecer a Cristo profundamente. Quanto mais você contempla a si mesmo, mais distraído ficará quanto ao caminho apropriado para a santificação. Quanto mais você conhece a Cristo e tem comunhão com Ele, mais o Espírito o tornará semelhante a Ele. Quanto mais você é semelhante a Cristo, melhor entenderá a absoluta suficiência dEle para todas as dificuldades da vida. Esse é o único caminho para se conhecer a *verdadeira* satisfação.

O pragmatismo também tem produzido apatia quanto à oração. Isso acontece porque o principal motivador da oração é um senso de dependência de Deus (por exemplo, ver Tiago 4.14-15). O pragmatismo, contudo, gera um falso senso de independência e auto-suficiência. É difícil forçar a si mesmo a orar, se você acha que tem uma solução humana para cada problema e um recurso natural para cada necessidade. Os problemas surgem em nossa sociedade porque a maioria de nós tem mais bens materiais do que necessita e desenvolve meios para lidar com quaisquer outras necessidades que possam surgir. Há programas "cristãos" para pessoas que querem melhorar sua aparência, sua forma física, sua auto-estima, seus investimentos ou qualquer outra coisa que possa estar em deficiência. Cristãos que querem possuir tudo, aqui e agora, podem, com avidez, buscar a boa vida e se sentirem bem com isso.

Assim, muitos cristãos contemporâneos estão absortos numa busca desesperada por satisfação instantânea, obcecados pelo conforto terreno e agrilhoados a este mundo presente. Eu me lembro de uma época em que a esperança futura era enfatizada, e as pessoas queriam ouvir mensagens sobre o céu, profecias ou escatologia. Esses tópicos não são populares hoje, pois nossa mente está posta no presente e não no futuro. Os crentes de Tessalônica desejavam o retorno de Cristo e as glórias do céu (1 Ts. 1.9-10); muitos de nós, porém, ao contrário deles, nos acomodamos confortavelmente a esta vida. Quando morre um crente, alguns cristãos entram em desespero e depressão, como se a pessoa tivesse ido para um lugar pior ou como se Deus tivesse tomado de nós alguém que tanto necessitávamos em nossa companhia. Devemos antes nos alegrar na certeza de que nosso amado está na presença do Senhor, momentaneamente separado de nós, mas destinado a um feliz encontro na glória eterna.

As futuras glórias celestiais foram ofuscadas pelo frágil e momentâneo brilho das coisas terrenas. Muitos cristãos se afundaram no conforto da saúde, da riqueza e da prosperidade, das quais apenas a morte ou o arrebatamento da igreja ousariam removê-los; e mesmo estes seriam intrusos mal recebidos por alguns. Poucas pessoas anseiam o céu.

Talvez o erro fatal do pragmatismo é que ele deixa de considerar corretamente a depravação humana. O homem é uma criatura caída; sua depravação é tão profunda e penetrante que ele nada pode fazer por si mesmo quanto às coisas espirituais (Rm. 3.10-11). Portanto, o uso de meios humanos para realizar objetivos espirituais inevitavelmente fracassará. Esta é precisamente a razão pela qual Deus exige que os cristãos se submetam ao seu governo soberano, aprendam os princípios da vida espiritual revelados na Palavra e se apropriem dos abundantes recursos espirituais que Ele torna disponíveis em Cristo (Cl. 1.9-15). Esses recursos, totalmente à parte da engenhosidade humana, são suficientes para cumprir os propósitos pretendidos por Deus.

"Tudo Para com Todos" os Homens

Alguns conceberam uma filosofia pragmática nas palavras do apóstolo Paulo em 1 Coríntios 9.20-23:

> *Procedi, para com os judeus, como judeu, a fim de ganhar os judeus; para os que vivem sob o regime da lei, como se eu mesmo assim vivesse, para ganhar os que vivem debaixo da lei, embora não esteja eu debaixo da lei. Aos sem lei, como se eu mesmo o fosse, não estando sem lei para com Deus, mas debaixo da lei de Cristo, para ganhar os que vivem fora do regime da lei. Fiz-me fraco para com os fracos, com o fim de ganhar os fracos. Fiz-me tudo para com todos, com o fim de, por todos os modos, salvar alguns. Tudo faço por causa do evangelho, com o fim de me tornar cooperador com ele.*

Paulo estava falando de sua paixão por conquistar os perdidos a qualquer custo, até mesmo o extremo sacrifício pessoal. O versículo 19, que introduz esta seção, diz: "Sendo livre de todos, fiz-me escravo de todos, a fim de ganhar o maior número possível". Ele não estava advogando que devemos retalhar a mensagem a fim de remover o escândalo da cruz (Gl. 5.11). Paulo não teria endossado a tendência atual de substituir a pregação firme por música, drama ou outros entretenimentos que não envolvem constrangimento ou confronto. Nesta mesma epístola aos coríntios, ele escreveu: "Visto como, na sabedoria de Deus, o mundo não o conheceu por sua própria sabedoria, aprouve a Deus salvar os que crêem pela loucura da pregação" (1 Co. 1.21).

Isso é o oposto da tendência atual, na qual encontramos a sabedoria mundana e os entretenimentos carnais substituindo a proclamação da Palavra de Deus e sendo usados como meios de evangelização.

Paulo lembrou aos coríntios que ele mesmo havia sido exemplo para eles: "Eu, irmãos, quando fui ter convosco, anunciando-vos o testemunho de Deus, não o fiz com ostentação de linguagem ou de sabedoria. Porque decidi nada saber entre vós, senão a Jesus Cristo e este crucificado" (1 Co. 2.1-2). Ele conservou sua mensagem simples, franca e direta, deixando a Palavra de Deus penetrar o coração deles, em vez de tentar convencê-los com engenhosidade e exibição.

Paulo não queria que sua maneira de falar, seu comportamento pessoal, suas maneiras sociais ou quaisquer outras coisas externas fossem pedras de tropeço para ninguém a quem ele estivesse ministrando. Paulo evitou, a todo custo, ofender desnecessariamente a quem quer que fosse; isto é, ele se tornou "tudo para com todos" os homens (1 Co. 9.22).

Porém, uma coisa que Paulo nunca teria feito, a fim de evitar escândalo, era amenizar ou alterar a mensagem do evangelho. De fato, suas palavras mais severas foram uma maldição pronunciada sobre qualquer um que, por amenizar ou alterar, modificasse a mensagem do evangelho (Gl. 1.8). Paulo reconheceu que a mensagem da cruz, em si mesma, é uma enorme pedra de tropeço para os incrédulos (Gl. 5.11; Rm. 9.32-33; 1 Co. 1.23), mas não deixou de proclamá-la com ousadia (At. 19.8; Ef. 6.19). Condenou categoricamente pregadores que com sua mensagem produzem coceiras nos ouvidos (2 Tm. 4.3-5). Então, é certo que não acolheria, por um momento sequer, a sugestão de que a mensagem do evangelho pudesse ser adaptada com o propósito de satisfazer as inclinações egoístas e carnais das pessoas. Paulo não suportaria os que acham que devem vencer a resistência e a incredulidade das pessoas por meio de uma nova maneira de apresentar o evangelho ou por omitir as exigências mais árduas do evangelho. Ele sabia que tal abordagem produziria muitos falsos convertidos. Foi isso que me levou à seguinte conclusão em meu comentário sobre 1 Coríntios:

> *Em resumo, Paulo... não comprometeu o evangelho. Ele não mudaria a menor verdade do evangelho, nem mesmo de um modo bem insignificante, para satisfazer a ninguém. Mas*

ele se rebaixaria, se de alguma forma isso o ajudasse a trazer alguém para Cristo. Ele nunca deixaria de lado qualquer verdade do evangelho, mas alegremente restringiria ao evangelho a sua liberdade. Não ofenderia judeu, gentio ou os fracos de entendimento.

Se uma pessoa se ofende ao ouvir as Escrituras, isso é problema dela. Se ela se ofende com a doutrina bíblica, com os padrões ou com a disciplina eclesiástica, isso também é problema dela, pois tal pessoa se ofende com Deus. Mas, se ela se ofende com nosso comportamento ou modo de agir — sem importar o quanto estes sejam bons e aceitáveis em si mesmos — então, o problema dessa pessoa se torna o nosso problema. Não se trata de uma questão de lei, mas de amor; e o amor sempre demanda mais do que a lei. "...a qualquer que te ferir na face direita, volta-lhe também a outra; e, ao que quer demandar contigo e tirar-te a túnica, deixa-lhe também a capa. Se alguém te obrigar a andar uma milha, vai com ele duas" (Mt. 5.39-41).

A vida de Paulo se concentrava em viver, em pregar e em ensinar o evangelho. Nada mais o preocupava. "Tudo faço por causa do evangelho, com o fim de me tornar cooperador com ele" (1 Co. 9.23); sua vida era o evangelho. Ele, portanto, colocava de lado qualquer coisa que impedisse o poder e a eficácia do evangelho.[9]

"O Poder de Deus Para a Salvação"

Paulo estava certo de que a Palavra de Deus, em si mesma, era suficiente para produzir a verdadeira fé salvífica no mais duro dos corações. Ele escreveu: "Pois não me envergonho do evangelho, porque é o poder de Deus para a salvação de todo aquele que crê..." (Rm. 1.16). Infelizmente, muitos evangélicos, em anos recentes, têm se afastado dessa confiança.

Jesus também deu testemunho da perfeita suficiência da Escritura em Lucas 16.19-31. Ali, Ele narra a história de um homem rico e um pobre mendigo chamado Lázaro. Ambos haviam morrido. Na vida além, o homem rico se achou no inferno. Ele queria que Lázaro, que estava no céu, voltasse e avisasse a seus irmãos sobre os sofrimentos da eternidade sem Deus. Este homem cometeu o mesmo erro que muitas pessoas hoje cometem: pressupôs que algo incomum convenceria os incrédulos a serem salvos. Mas, se as pessoas rejeitam a Palavra de Deus, também rejeitarão um milagre. Abraão disse ao homem rico: "Eles têm Moisés e os Profetas; ouçam-nos" (v.29). O homem rico, certo de que seus irmãos precisavam de algo mais do que as Escrituras, rogou: "Não, pai Abraão; se alguém dentre os mortos for ter com eles, arrepender-se-ão" (v.30). A resposta de Abraão declara, de uma vez por todas, a absoluta suficiência das Escrituras em todo empreendimento evangelístico: "Abraão, porém, lhe respondeu: Se não ouvem a Moisés e aos profetas, tampouco se deixarão persuadir, ainda que ressuscite alguém dentre os mortos" (v.31).

Jesus mesmo disse: "Em verdade, em verdade vos digo: quem ouve a minha palavra e crê naquele que me enviou tem a vida eterna, não entra em juízo, mas passou da morte para a vida" (Jo. 5.24). A essência do evangelho é ouvir a Palavra de Cristo e crer em Deus.

Na parábola do semeador (Lc. 8.5-15), Jesus comparou a Palavra de Deus a uma semente, a qual, ao ser plantada em solo fértil (um coração receptivo) produz vida nova e muito fruto espiritual.

Jesus também disse: "Porque eu não tenho falado por mim mesmo, mas o Pai, que me enviou, esse me tem prescrito o que dizer e o que anunciar. E sei que o seu mandamento é a vida eterna. As coisas, pois, que eu falo, como o Pai mo tem dito, assim falo" (Jo. 12.49-50). Ele conhecia o poder da Palavra de Deus na salvação de almas; então falou somente aquilo que o Pai o instruiu a falar.

O apóstolo João afirmou: "Estes, porém, foram registrados para que creiais que Jesus é o Cristo, o Filho de Deus, e para que, crendo, tenhais vida em seu nome" (Jo. 20.31). Crer na Palavra de Deus resulta em vida eterna.

Em Romanos 10.17, Paulo nos ensina que "a fé vem pela pregação, e a pregação, pela palavra de Cristo". Por isso, devemos proclamar fielmente o evangelho aos incrédulos. Nos versículos 13 a 15, ele diz: "Todo aquele que invocar o nome do Senhor será salvo. Como, porém, invocarão aquele em quem não creram? E como crerão naquele de quem nada ouviram? E como ouvirão, se não há quem pregue? E como pregarão, se não forem enviados?" Os pecadores precisam da Palavra de Cristo, a qual é a fonte da salvação.

Em outro lugar, Paulo usou o casamento para ilustrar a obra da Palavra em salvar e purificar: "Maridos, amai vossa mulher, como também Cristo amou a igreja e a si mesmo se entregou por ela, para que a santificasse, tendo-a purificado por meio da lavagem de água pela palavra" (Ef. 5.25-26).

Tiago nos diz que o Pai "nos gerou pela Palavra da verdade" (Tg. 1.18). "Nos gerou", nesse contexto, significa "gerar", "redimir" ou "salvar". Deus nos salvou pela Palavra da verdade.

Pedro declarou:

> *Pois fostes regenerados não de semente corruptível, mas de incorruptível, mediante a palavra de Deus, a qual vive e é permanente. Pois toda carne é como a erva, e toda a sua glória, como a flor da erva; seca-se a erva, e cai a sua flor; a palavra do Senhor, porém, permanece eternamente. Ora, esta é a palavra que vos foi evangelizada (1 Pe. 1.23-25).*

Pedro ecoou o que Jesus ensinou na parábola do semeador: a Palavra de Deus é a semente que produz a salvação.

Visto que a Escritura produz a salvação, o evangelismo eficaz depende da fiel proclamação da Palavra. Deus preparará o solo que produzirá o fruto. Devemos ser fiéis em plantar a semente.

Lídia é um bom exemplo de como isso funciona: "Certa mulher, chamada Lídia, da cidade de Tiatira, vendedora de púrpura, temente a Deus, nos escutava; o Senhor lhe abriu o coração para atender às coisas que Paulo dizia" (At. 16.14). Paulo proclamou a Cristo, e Deus abriu o coração de Lídia para que ela recebesse as palavras de Paulo.

Como Está Sua Dieta Espiritual?

O exceder-se é uma característica de nossa sociedade. Infelizmente, isso também é verdade a respeito da igreja. Muitos cristãos estão tão empanzinados com qualquer comida espiritual que perderam o apetite pela sã doutrina bíblica. Aqueles que se deleitam na Palavra, mas não a aplicam estão no outro extremo; assim eles sofrem de letargia e impotência espiritual crônica.

E quanto a você? Você é alguém que ama a Palavra? Sem importar onde você está em seu crescimento espiritual, a Escritura é suficiente para equipá-lo para toda boa obra (2 Tm. 3.17). Se você é um cristão que ainda não está alicerçado na sã doutrina, você precisa da Palavra para ser treinado e crescer nas coisas espirituais. Se você está dando lugar ao pecado em sua vida, você necessita da obra de repreensão e correção operada pela Palavra.

Se você não é um cristão, você precisa da Palavra para a sua salvação. Faça o que fez o meu amigo médico: leia o Novo Testamento até que você saiba quem é Jesus e o que significa ser salvo (como você pode imaginar, eu sugiro começar no Evangelho de João). Confesse seu pecado e peça a Deus para perdoar e purificar o seu coração. É aí que começa tudo. Depois você terá todos os recursos espirituais necessários para viver uma vida santa.

Minha oração é que você tenha um apetite insaciável pela sã doutrina e pelo viver santo; que você entenda e confie na inesgotável suficiência da perfeita Palavra de nosso Senhor.

1. Harry Emerson Fosdick, "What is the Matter with Preaching?", *Harpers Magazine* (Julho-1928), pp. 134-135.
2. Ibid.
3. Ibid., p. 138.
4. Robert Schuller, *Self-Esteem: The New Reformation* (Waco, Texas; Word, 1982), p. 12.
5. Ibid., p. 31.
6. Walter Chantry, *O Evangelho de Hoje: Autêntico ou Sintético?* (Editora Fiel).
7. Iain Murray, *D. Martyn Lloyd-Jones: The Fight of Faith* (Edinburgh; Banner of Truth, 1990), p. 327
8. Tony Walter, *Need: The New Religion* (Downer's Grove; Intervarsity, 1985), prefácio, p. 5.
9. John F. MacArthur, Jr., *1 Corinthians* (Chicago; Moody, 1984), p. 213.

Capítulo 8

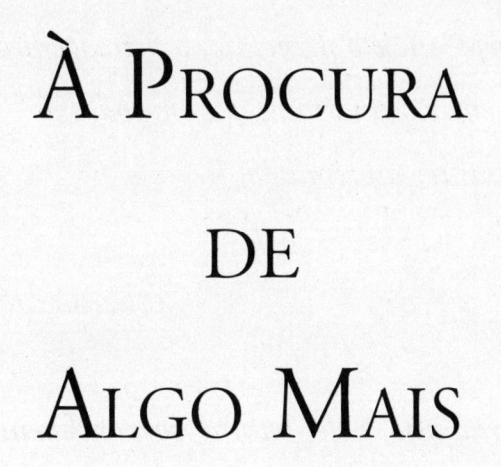

À Procura de Algo Mais

Ele é antes de todas as coisas. Nele, tudo subsiste. Ele é a cabeça do corpo, da igreja. Ele é o princípio, o primogênito de entre os mortos, para em todas as coisas ter a primazia.

Colossenses 1.17-18

Porquanto, nele, habita, corporalmente, toda a plenitude da Divindade. Também, nele, estais aperfeiçoados.

Colossenses 2.9-10

Conta-se uma história sobre William Randolph Hearst, o falecido editor jornalístico. Ele investiu uma fortuna em colecionar grandes obras de arte. Um dia ele leu sobre algumas valiosas obras de arte e decidiu que deveria adicioná-las à sua coleção. Enviou seu agente ao exterior para localizá-las e comprá-las. Meses se passaram antes que o agente voltasse e relatasse a Hearst que os itens haviam finalmente sido achados — eles estavam guardados em seu próprio armazém. Hearst os havia comprado anos atrás!

Isso é análogo ao alarmante número de cristãos que hoje estão numa busca desesperada por recursos espirituais que já possuem. Eles praticam uma busca fútil por algo mais. Esse é um fogo herético em parte abanado pela falsa noção de que a salvação é insuficiente para transformar os crentes e equipá-los para a vida cristã. Aqueles que estão sob a influência desta falsa noção acreditam que precisam de algo mais — mais de Cristo, mais do Espírito Santo, um tipo de experiência de êxtase, visões místicas, sinais, maravilhas, milagres, uma segunda bênção, línguas, níveis espirituais mais elevados ou mais profundos, ou o que quer que seja.

Mas, como temos visto, ter Jesus é ter todo recurso espiritual. Tudo que necessitamos se acha nEle. Em vez de tentarmos acrescentar algo a Cristo, devemos simplesmente aprender a usar os recursos que já possuímos nEle.

Em toda a Escritura, talvez o texto mais definitivo sobre a suficiência de Cristo é a carta aos Colossenses. Paulo o escreveu para crentes que eram fortes na fé e no amor (Cl. 1.4), mas confundidos por uma heresia que negava a suficiência de Cristo. Nosso estudo exige uma observação cuidadosa em algumas porções desse texto-chave.

Não sabemos a exata natureza da heresia em Colossos, porque Paulo não a definiu em detalhes nem gastou tempo nomeando e denunciando seus líderes. Em vez disso, ele a refutou generalizadamente, mostrando que se baseava num conceito inadequado e errôneo a respeito da pessoa e do trabalho de Cristo. Ele escreveu à igreja de Colossos uma epístola inteira focalizando a Cristo — seu lugar no universo, sua obra na salvação, sua preeminência como Deus, sua posição como Cabeça da igreja e sua absoluta suficiência para toda necessidade humana. Ao fazer isso, Paulo demonstrou que a melhor defesa contra a falsa doutrina é uma cristologia bíblica integral. Ele avisou aos colossenses que tentar acrescentar ou retirar algo da pessoa e da obra de Cristo sempre termina em desastre espiritual.

No capítulo 1, Paulo escreveu:

> *Ele nos libertou do império das trevas e nos transportou para o reino do Filho do seu amor, no qual temos a redenção, a remissão dos pecados. Este é a imagem do Deus invisível, o primogênito de toda a criação; pois, nele, foram criadas todas as coisas, nos céus e sobre a terra, as visíveis e as invisíveis, sejam tronos, sejam soberanias, quer principados, quer potestades. Tudo foi criado por meio dele e para ele. Ele é antes de todas as coisas. Nele, tudo subsiste. Ele é a cabeça do corpo, da igreja. Ele é o princípio, o primogênito de entre os mortos, para em todas as coisas ter a primazia, porque aprouve a Deus que, nele, residisse toda a plenitude e que, havendo feito a paz pelo sangue da sua cruz, por meio dele, reconciliasse consigo mesmo todas as coisas, quer sobre a terra, quer nos céus. (vv. 13-20)*

O apóstolo faz um profundo sumário quando diz que em Cristo estão escondidos todos os tesouros da sabedoria e do conhecimento (2.3), porque nEle habita corporalmente toda a plenitude da Deidade (2.9). Ele é o Cabeça de todo principado e potestade (2.10). Ele é a própria vida (3.4)! O que mais poderia dizer o apóstolo para asseverar a absoluta suficiência de nosso Senhor?

O erro com o qual Paulo estava lidando tinha muitas facetas. Parece claramente ter sido uma antiga forma de gnosticismo (ver no capítulo 1). Os hereges de Colossos alegavam que Cristo sozinho não poderia levantar alguém ao nível espiritual mais alto. Eles defendiam uma variedade de aditivos espirituais, incluindo a filosofia (2.8-10), o legalismo (2.11-17), o misticismo (2.18-19) e o ascetismo (2.20-23).

Cristo + Filosofia

A palavra "filosofia" é a transliteração da palavra grega *philosophia*, a qual é formada de duas palavras gregas comuns: *phileo* (amar) e *sophia* (sabedoria). Ela literalmente significa "o amor à sabedoria". Em seu sentido mais amplo, é a tentativa da parte do homem para explicar a natureza do universo, incluindo os fenômenos de existência, pensamento, ética, comportamento, estética e assim por diante.

No tempo de Paulo, "tudo que tinha a ver com teorias sobre Deus, sobre o mundo e sobre o significado da vida humana se chamava "filosofia"... não somente nas escolas pagãs, mas também nas escolas judaicas das cidades gregas".[1] Josefo, o historiador judeu do primeiro século, acrescenta que havia três correntes filosóficas entre os judeus: a dos fariseus, a dos saduceus e a dos essênios.[2]

Paulo condenou com veemência qualquer teoria filosófica, a respeito de Deus, que professasse mostrar a causa da existência do mundo e oferecer orientação moral à parte da revelação divina. Em Colossenses 2.8-10, ele diz:

> *Cuidado que ninguém vos venha a enredar com sua filosofia e vãs sutilezas, conforme a tradição dos homens, conforme os rudimentos do mundo, e não segundo Cristo; porquanto, nele, habita, corporalmente, toda a plenitude da Divindade. Também, nEle, estais aperfeiçoados. Ele é o cabeça de todo principado e potestade.*

A frase "venha a enredar" (v.8) vem da palavra grega *sylagōgeō*, que se referia a levar os cativos ou outros despojos da guerra. Nesse sentido, ela transmitia a idéia de um rapto. Ela retrata o modo como a heresia "Cristo + filosofia" estava seqüestrando os colossenses para longe da verdade, levando-os à escravidão do erro. Assim o apóstolo retratou a filosofia como uma predadora que procura escravizar cristãos sem discernimento, por meio de "vãs sutilezas" (v.8).

"Vãs" fala de algo vazio, destituído da verdade, fútil, infrutífero e sem efeito. A filosofia declara ser verdadeira, mas é totalmente enganosa, como um pescador que captura sua presa involuntária, ao esconder um anzol mortal dentro de um saboroso bocado de alimento. O peixe pensa que está sendo alimentado quando, em vez disso, torna-se alimento. Igualmente, aqueles que abraçam uma filosofia humana sobre Deus e o homem podem pensar que estão recebendo a verdade, mas, em vez disso, estão recebendo vão engano, que pode levar à condenação eterna.

A filosofia é inútil porque se fundamenta na "tradição dos homens" e nos "rudimentos do mundo" (v.8), e não em Cristo. A "tradição dos homens" se refere às especulações humanas passadas de geração a geração. A maioria dos filósofos amontoam seus ensinamentos sobre a pilha de ensinamentos dos seus predecessores. Um desenvolve um pensamento até tal ponto, depois outro o desenvolve além, e assim vai. Isso é uma série de variações dentro da tradição humana que apenas perpetua o erro e agrava a ignorância.

A frase "rudimentos do mundo" literalmente significa "coisas em coluna" ou "coisas em fila" (tais como 1,2,3, ou A,B,C). Ela se refere ao tipo de instrução que se daria a uma criança. Paulo estava dizendo que, embora intente ser sofisticada, a filosofia humana é de fato rudimentar — infantil e sem refinamento. Abandonar a revelação bíblica em favor da filosofia é como voltar ao jardim da infância após formar-se numa universidade. Mesmo a mais refinada filosofia humana nada pode oferecer para ampliar a verdade de Cristo. Ela impede e retarda a verdadeira sabedoria, produzindo apenas tolice, erro e engano infantis.

Em 1 Coríntios 1.18-21, Paulo diz:

> *Certamente, a palavra da cruz é loucura para os que se perdem, mas para nós, que somos salvos, poder de Deus. Pois está escrito:*
>> *Destruirei a sabedoria dos sábios e aniquilarei a inteligência dos instruídos.*
>
> *Onde está o sábio? Onde, o escriba? Onde, o inquiridor deste século? Porventura, não tornou Deus louca a sabedoria do mundo? Visto como, na sabedoria de Deus, o mundo não o conheceu por sua própria sabedoria, aprouve a Deus salvar os que crêem pela loucura da pregação.*

A sabedoria humana não pode enriquecer a revelação dada por Deus. De fato, ela inevitavelmente resiste e contradiz a verdade divina. Mesmo o melhor da sabedoria humana é mera tolice em comparação com a infinita sabedoria de Deus.

Os cristãos, de forma nenhuma, precisam se dirigir à sabedoria humana. Eles possuem a mente de Cristo (1 Co. 2.16). A grande, perfeita e incompreensível sabedoria de Cristo se revela a nós na Palavra de Deus pelo Espírito Santo. Isso deveria revolver nosso coração e nos fazer declarar juntamente com o salmista:

> *Quanto amo a tua lei!*
> *É a minha meditação, todo o dia!*
> *Os teus mandamentos me fazem mais sábio que os meus inimigos;*
> *porque, aqueles, eu os tenho sempre comigo.*
> *Compreendo mais do que todos os meus mestres,*
> *porque medito nos teus testemunhos.*

*Sou mais prudente que os idosos,
porque guardo os teus preceitos.
De todo mau caminho desvio os meus pés,
para observar a tua palavra.
Não me aparto dos teus juízos,
pois tu me ensinas.
Quão doces são as tuas palavras ao meu paladar!
mais que o mel à minha boca.
Por meio dos teus preceitos, consigo entendimento; por isso,
detesto todo caminho de falsidade. (Sl. 119.97 - 104)*

Por que se deixar capturar pela filosofia quando se pode ascender à perfeita verdade de Deus?

Em Colossenses 2.9-10, Paulo traça um significativo paralelo: "Porquanto, nele, habita, corporalmente, toda a plenitude da Divindade. Também, nele, estais aperfeiçoados". "Plenitude" e "aperfeiçoados", nessa passagem, são originadas da mesma palavra grega (*plērōma*). Assim como Cristo é absolutamente divino, também nós somos totalmente suficientes nEle. A sabedoria humana nada acrescenta ao que já está revelado em Cristo.

Nossa suficiência em Cristo se fundamenta na completa salvação e no completo perdão, os quais Paulo descreve nos versículos 11 a 14. Ele diz que temos passado da morte espiritual para a vida espiritual através do perdão das nossas transgressões (v.13). No versículo 14, ele traça um quadro vívido desse perdão, dizendo que Cristo "tendo cancelado o escrito de dívida, que era contra nós e que constava de ordenanças, o qual nos era prejudicial, removeu-o inteiramente, encravando-o na cruz". Quando alguém era crucificado, a lista de seus crimes era sempre pregada à cruz exatamente acima de sua cabeça. Sua morte era o pagamento por aqueles crimes. Os crimes que pregaram Jesus à cruz não foram os dEle, mas os nossos. Por haver Ele tomado sobre si a nossa pena, Deus apagou o "escrito de dívida" que era contra nós.

Aos pensamentos de completa salvação e de completo perdão, Paulo acrescenta um terceiro: completa vitória (v.15). Em sua morte e ressurreição, Cristo triunfou sobre as forças demoníacas, nos concedendo assim vitória contra o próprio maligno.

Em Cristo nós temos completa salvação, completo perdão e completa vitória — amplos recursos para cada questão da vida. Esta é a verdadeira suficiência! O que a filosofia pode acrescentar a isso?

Cristo + Legalismo

Há muitos anos, um colega da faculdade me disse: "Eu não acho que você seja uma pessoa muito espiritual".

Fiquei perplexo, porque ele não me conhecia o bastante para extrair aquela conclusão, então perguntei a ele porque dissera aquilo.

"Porque você não vai às reuniões de oração no meio da semana", ele respondeu.

"O que isso tem a ver com a minha espiritualidade?", perguntei. "Eu posso muito bem passar o dia e a noite em oração."

"Não", ele disse. "Pessoas espirituais vão às reuniões de oração."

Se ele tivesse dito que pessoas espirituais oram, eu teria concordado e confessado que eu necessitava orar mais fiel e fervorosamente. Mas condenar as pessoas por não manterem regras humanas e rituais religiosos é legalismo. Jesus encarou isso freqüentemente em seus conflitos com os fariseus. Paulo adverte sobre isso em Colossenses 2.16-17:

> Ninguém, pois, vos julgue por causa de comida e bebida, ou dia de festa, ou lua nova, ou sábados, porque tudo isso tem sido sombra das coisas que haviam de vir; porém o corpo é de Cristo.

Paulo se dirigia às pessoas legalistas que estavam nas igrejas e acreditavam, com efeito, que somente um relacionamento pessoal, vital e profundo com Cristo não é suficiente para satisfazer a Deus. Essas pessoas haviam acrescentado regras e requisitos que governavam o exercício de certos deveres que elas achavam essenciais à espiritualidade — regras sobre o comer, o beber, o vestir e a aparência, rituais religiosos e assim por diante. Na economia Mosaica, Deus concedeu muitas leis externas com o propósito de proteger Israel da interação social com povos pagãos corruptos. Tais leis também foram dadas para ilustrar verdades espirituais internas que se cumpririam em Cristo.

Paulo também disse: "Porque nós é que somos a circuncisão, nós que adoramos a Deus no Espírito, e nos gloriamos em Cristo Jesus, e não confiamos na carne" (Fp. 3.3). O que ele quis dizer com isso? Os versículos 4-9 respondem:

> *Bem que eu poderia confiar também na carne. Se qualquer outro pensa que pode confiar na carne, eu ainda mais: circuncidado ao oitavo dia, da linhagem de Israel, da tribo de Benjamim, hebreu de hebreus; quanto à lei, fariseu, quanto ao zelo, perseguidor da igreja; quanto à justiça que há na lei, irrepreensível. Mas o que, para mim, era lucro, isto considerei perda por causa de Cristo. Sim, deveras considero tudo como perda, por causa da sublimidade do conhecimento de Cristo Jesus, meu Senhor; por amor do qual perdi todas as coisas e as considero como refugo, para ganhar a Cristo e ser achado nele, não tendo justiça própria, que procede de lei, senão a que é mediante a fé em Cristo, a justiça que procede de Deus, baseada na fé.*

Nenhuma circuncisão humana torna alguém justo diante de Deus, apenas o verdadeiro amputar do pecado por meio da salvação em Cristo.

Quando Cristo veio, os elementos cerimoniais da lei foram postos de lado, porque Ele era o cumprimento de tudo que eles prenunciavam. No entanto, os legalistas na igreja primitiva insistiam que todas as cerimônias — incluindo a circuncisão, a observância do sábado e leis dietéticas — deveriam ser mantidas como padrões de espiritualidade. Visto que eles não estavam genuinamente dedicados a amar a Jesus Cristo, eles ficaram com uma aparência de santidade em vez da verdadeira espiritualidade.

Seu legalismo estava em direto confronto com o ensino do próprio Cristo. Jesus deixou claro que leis dietéticas eram simbólicas e não tinham a inerente habilidade de tornar alguém justo, quando Ele disse que nada que entra no homem pode contaminá-lo. É o que sai de uma pessoa (maus pensamentos, palavras e outras expressões de um coração pecaminoso) que causa contaminação (Mc. 7.15). Esta foi uma declaração chocante, porque o povo judeu sempre crera que havia certos alimentos que contaminavam o corpo. Eles haviam entendido mal o simbolismo das leis dietéticas e pensavam que segui-las realmente poderia tornar alguém justo.

Em Atos 10, Pedro teve uma visão de vários tipos de animais impuros que Deus ordenara que ele matasse e comesse. Quando Pedro fez objeção, porque ele nunca havia comido "coisa alguma comum e imunda" (v.14), uma voz do céu disse: "Ao que Deus purificou não consideres comum" (v.15). Um novo dia chegara. Deus estava revelando a seu povo que as leis dietéticas não estavam mais em vigor. Pedro entendeu a mensagem (v.28). Os crentes estavam livres da escravidão da lei, fortalecidos pela graça para cumprir a justiça da lei sem se escravizarem a seus detalhes cerimoniais. Paulo resume a questão em Romanos 14.17: "Porque o reino de Deus não é comida nem bebida, mas justiça, e paz, e alegria no Espírito Santo".

Em 1 Timóteo 4.1-5, Paulo adverte contra aqueles que

apostatarão da fé, por obedecerem a espíritos enganadores e a ensinos de demônios, pela hipocrisia dos que falam mentiras e que têm cauterizada a própria consciência, que proíbem o casamento e exigem abstinência de alimentos que Deus criou para serem recebidos, com ações de graças, pelos fiéis e por quantos conhecem plenamente a verdade; pois tudo que Deus criou é bom, e, recebido com ações de graças, nada é recusável, porque, pela palavra de Deus e pela oração, é santificado.

Um evangelho de obras efetuadas pelo homem não é nenhum evangelho (Gl. 1.6-7; 5.2). Se batismo, orações, jejuns, uso de vestes especiais, presença na igreja, vários tipos de abstinência ou outros deveres religiosos são necessários para se ganhar a salvação, então a obra de Cristo não é verdadeiramente suficiente. Isso é zombar do evangelho. O legalismo é tanto uma ameaça à igreja hoje como o foi em Colossos. Mesmo nas igrejas evangélicas há muitas pessoas cuja certeza de salvação está baseada em suas atividades religiosas, ao invés de confiarem somente no Salvador todo-suficiente. Elas presumem que são cristãs porque lêem a Bíblia, oram, vão à igreja ou realizam outras funções religiosas. Elas julgam a espiritualidade na base da atuação externa em lugar do amor interno a Cristo, do ódio ao pecado e de um coração devotado à obediência.

Obviamente a leitura da Bíblia, a oração e a comunhão dos crentes podem ser manifestações da verdadeira conversão. Mas, quando isoladas da devoção a Cristo, essas coisas reduzem-se a insignificantes rituais religiosos que até incrédulos podem realizar e pelos quais são enganados quanto à sua vindoura condenação. Jesus disse:

> Muitos, naquele dia, hão de dizer-me: Senhor, Senhor! Porventura, não temos nós profetizado em teu nome, e em teu nome não expelimos demônios, e em teu nome não fizemos muitos milagres? Então, lhes direi explicitamente: Nunca vos conheci. Apartai-vos de mim, os que praticais a iniqüidade. (Mt. 7.22-23)

Não se intimide pelas expectativas legalistas e superficiais da parte de outras pessoas. Deixe que seu comportamento seja o resultado do seu amor a Cristo e das santas aspirações produzidas em você pela habitação do Espírito e pela presença permanente da sua Palavra (Cl. 3.16).

Cristo + Misticismo

Os crentes em Colossos também estavam sendo intimidados por pessoas que alegavam ter uma mais elevada, ampla, profunda e completa união com Deus do que aquela que somente Cristo pode conceder. Esses eram os místicos. Eles alegavam haver tido comunhão com seres angelicais através de visões e outras experiências místicas. Paulo disse sobre eles:

> Ninguém se faça árbitro contra vós outros, pretextando humildade e culto dos anjos, baseando-se em visões, enfatuado, sem motivo algum, na sua mente carnal, e não retendo a cabeça, da qual todo o corpo, suprido e bem vinculado por suas juntas e ligamentos, cresce o crescimento que procede de Deus. (Cl. 2.18-19)

O misticismo ainda está bem vivo e continua usando a intimidação espiritual para rebaixar os inexperientes. Com freqüência, as pessoas que hoje dizem ter tido visões celestiais ou experiências fascinantes estão simplesmente inchadas com vãs noções, usando suas alegações para intimidar os outros a exaltá-las. Como escreveu o apóstolo Paulo aos crentes em Colossos, esse tipo de misticismo é o produto de uma mente orgulhosa e não-espiritual. Aqueles que o abraçam apartaram-se da suficiência que possuem em Cristo, a qual produz a verdadeira espiritualidade. Não seja intimidado por eles.

Aparentemente, os místicos de Colossos alegaram que qualquer um que não tivesse semelhantes visões esotéricas ou que não abraçasse semelhantes doutrinas estava desqualificado para obter o prêmio da espiritualidade verdadeira. Na realidade, eles mesmos eram os desqualificados (1 Co. 9.27).

O misticismo é a idéia de que o conhecimento direto acerca de Deus ou da realidade máxima é alcançado por meio da intuição ou da experiência pessoal e subjetiva, à parte do, ou até mesmo em contradição ao, fato histórico ou da objetiva revelação divina — a Bíblia. Arthur Johnson, um professor na Universidade West Texas State, afirma o seguinte:

> *Quando falamos de uma experiência mística nos referimos a um evento que está completamente dentro da pessoa. Esta experiência é totalmente subjetiva... Embora os místicos possam experimentá-la como tendo sido desencadeada por ocorrências ou objetos fora de si (como um pôr-do-sol, uma música, uma cerimônia religiosa, ou mesmo um ato sexual), ela é um evento totalmente interior. A experiência mística não contém aspectos essenciais que existam externamente no mundo físico... Uma experiência mística é primariamente um evento emotivo, e não um evento cognitivo... Suas qualidades predominantes têm mais a ver com a intensidade emocional, ou seja, com o "tom do sentimento", do que com os fatos avaliados e entendidos racionalmente. Embora esta explicação seja verdadeira, em si ela é um modo inadequado de descrever a experiência mística. A força da experiência é freqüentemente tão abrangente que a pessoa que a experimenta vê toda a sua vida transformada por ela. Meras emoções não podem efetuar tais transformações.*
>
> *Além do mais, é dessa qualidade emocional que resulta outra característica, a saber, sua natureza "auto-autenticadora". O místico raramente questiona a virtude ou o valor de sua experiência. Conseqüentemente, se ele a descreve como lhe dando informação, ele raramente questiona a verdade de seu conhecimento recém adquirido. Reconhecer sua alegação de que as experiências místicas são "maneiras de conhecer" a verdade é essencial para a compreensão de muitos movimentos religiosos que vemos hoje.[3]*

Prevalecendo especialmente no movimento carismático, o misticismo moderno abraça um conceito de fé que de fato rejeita completamente a realidade e a racionalidade. Declarando guerra à razão e à verdade, ele está assim em direto conflito com Cristo e a Escritura. Ele cresceu rapidamente porque promete o que tantas pessoas estão buscando: algo mais, algo melhor, algo mais rico, algo mais fácil — algo rápido e fácil para se substituir por uma vida de cuidadosa e disciplinada obediência à Palavra de Cristo. E, uma vez que tantos carecem da certeza de que sua suficiência está em Cristo, o misticismo pegou muitos cristãos despercebidos. Assim, ele tem carregado boa parte da igreja a um perigoso mundo de confusão e falso ensinamento.

O misticismo criou um clima teológico amplamente intolerante quanto à doutrina exata e à sadia exegese bíblica. Observe, por exemplo, como se tem tornado popular falar sarcasticamente a respeito da doutrina, do ensino bíblico sistemático, da cuidadosa exegese ou da ousada proclamação do evangelho. Verdade absoluta e certeza racional estão atualmente fora de moda. A pregação bíblica autoritária é criticada como muito dogmática. É raro hoje em dia ouvir um pregador desafiar a opinião popular com um ensinamento claro da Palavra de Deus e sublinhar a verdade com um firme e resoluto "Assim diz o SENHOR".

Ironicamente, surgiu uma nova classe de profetas que nomearam a si mesmos. Estes charlatões religiosos apregoam seus próprios sonhos e visões com uma frase diferente: "O Senhor me disse..." Isso é misticismo, e ele vitima pessoas que buscam alguma verdade secreta que será acrescentada à simplicidade da Palavra de Deus, que é toda-suficiente e que nos foi dada uma vez por todas.

Um bem conhecido pastor carismático disse-me que uma vez ou outra, de manhã, quando está a se barbear, Jesus entra em seu banheiro e põe seu braço em redor dele e conversam. Ele acredita mesmo nisso? Eu não sei. Talvez queira que as pessoas pensem que ele tem mais intimidade com Cristo do que a maioria de nós. Seja qual for o caso, sua experiência está em grave contraste com os relatos bíblicos das visões celestiais. Isaías ficou aterrorizado quando viu o Senhor e imediatamente confessou seu pecado (Is. 6.5). Manoá temeu por sua vida e disse a sua esposa: "Certamente, morreremos, porque vimos a Deus" (Jz. 13.22). Jó arrependeu-se no pó e na cinza (Jó 42.5-6). Os discípulos ficaram estupefatos (Lc. 8.25). Pedro disse a Jesus: "Senhor, retira-te de mim, porque sou pecador" (Lc. 5.8). Cada um deles ficou perplexo com um senso de pecaminosidade e temeu o juízo. Como alguém poderia casualmente falar e se barbear enquanto na presença de um Deus tão infinitamente santo?

Um jornal local recentemente falou de um bem conhecido tele-evangelista que, disse ele, ao tirar uma soneca em sua casa, de repente, o próprio Satanás apareceu, pegou-lhe pelo pescoço com as duas mãos e tentou estrangulá-lo até à morte. Quando ele gritou, sua esposa veio correndo à sala e espantou o diabo. Através dos anos, esse mesmo homem tem relatado outras experiências bizarras.

Francamente eu não creio em relatos como esse. Além do fato de que quase sempre não se alinham com a verdade bíblica, eles afastam as pessoas da verdade de Cristo. As pessoas começam a buscar experiências paranormais, fenômenos supernaturais e revelações especiais — como se nossos recursos em Cristo não fossem o bastante. Elas tecem suas perspectivas a respeito de Deus e da verdade espiritual baseadas em seus sentimentos, os quais elas mesmas geram e autenticam, e que se tornam mais importantes para elas do que a própria Bíblia. Em sua mente, criam experiências a partir das quais desenvolvem um sistema de crença que simplesmente não é verdadeiro, se expondo ainda mais à decepção e até mesmo a influências demoníacas. Esse é o legado do misticismo.

O misticismo também destrói o discernimento. Porque as pessoas pensariam por si mesmas ou comparariam o que lhes é ensinado com a Escritura, quando seus professores alegam receber a verdade diretamente do céu? Assim, o misticismo se torna um instrumento através do qual líderes inescrupulosos podem extrair dinheiro e honra do rebanho, por meio de experiências fabricadas, tirando vantagem da ingenuidade das pessoas.

O pastor de uma grande igreja em nossa cidade queria mudar a igreja para um outro lugar. A idéia não era muito popular entre alguns membros da sua congregação, mas ele lhes convenceu de que era a vontade de Deus, ao apelar para o misticismo. Ele lhes disse que em três diferentes ocasiões o Senhor mesmo lhe havia falado, instruindo-lhe a mudar a igreja para certa localização. O pastor declarou que na terceira ocasião o Senhor lhe disse: "Chegou a hora. Deixe o problema comigo. Eu vou agir em muitos corações. Alguns não entenderão. Alguns não vão seguir. A maioria irá. Vá, cumpra minha ordem". Esta é uma citação textual do boletim da igreja.

Quando o pastor apresentou o plano à sua congregação, ele o comparou ao desafio que Calebe e Josué fizeram aos israelitas para entrarem na Terra Prometida (Nm. 13.30). Depois ele acrescentou:

> *Se você não consegue ter a visão do belo plano de Deus, eu entenderei, mas é essencial que nossa igreja enfrente esta oportunidade de seguir o plano de Deus. Se você não for conosco, eu entenderei. Eu não vou pensar de você como mau ou destrutivo... eu quero que marchemos em frente com o plano de Deus e quero que cada um de vocês venha comigo. Você vai se alegrar de ter feito assim, e Deus vai lhe abençoar por isso.*

Essa é a clássica intimidação de um apelo ao misticismo! Este homem, com efeito, renunciou a toda responsabilidade por seu plano e a colocou sobre Deus. Fazendo isso, ele retirou a decisão do seu povo e de outros líderes da igreja e a baseou em seus próprios sentimentos não confiáveis. Ele sugeriu que qualquer um que discordasse do seu plano estaria se opondo à vontade de Deus e correria o risco de incorrer no mesmo destino que os incrédulos israelitas sofreram, quando se recusaram a entrar em Canaã!

Talvez Deus quisesse que aquela igreja mudasse — essa não é a questão. Porém, o apelo do pastor a seus próprios sentimentos místicos, subjetivos e autenticados por ele mesmo estava errado. A Escritura é clara em que tais decisões devem ser feitas com base em um acordo sábio, unânime e regado com orações, entre anciãos cheios do Espírito que buscam a vontade de Deus na Escritura, não em caprichos místicos de um homem.

Você lembra de Oral Roberts e sua infame alegação de que Deus o mataria, se os ouvintes não enviassem milhões de dólares para sua organização? Através dos anos, ele tem feito semelhantes apelos fantásticos, indo desde promessas de um milagre por uma determinada soma de dinheiro, até a afirmação de que Deus revelaria a ele a cura do câncer, se todos enviassem várias centenas de dólares. Esse tipo de extorsão se torna possível porque muitos cristãos não reconhecem o erro do misticismo. Eles querem apoiar o que Deus está fazendo, mas não sabem discernir as coisas biblicamente. Conseqüentemente, eles são indiscriminados no dar. Alguns enviam enormes somas de dinheiro na esperança de comprar um milagre. Ao fazerem isso, eles pensam estar demonstrando grande fé, mas na realidade estão demonstrando grande desconfiança na suficiência de Cristo. Aquilo que eles pensam ser fé em Cristo é, de fato, dúvida em busca de provas. Deste modo, pessoas fracas são presas fáceis das falsas promessas do misticismo.

Pregadores que confrontam os ensinos místicos sempre são estigmatizados como críticos, sem amor ou causadores de divisão. Assim, o misticismo tem fomentado uma tolerância ao falso e negligente ensino. Mas a ordem bíblica é clara: nós devemos ser apegados "à palavra fiel, que é segundo a doutrina, de modo que tenha poder tanto para exortar pelo reto ensino como para convencer os que... contradizem" (Tt. 1.9).

Não existe plano mais alto — nenhuma experiência sobrepujante ou vida mais profunda. Cristo é tudo em todos. Agarre-se a Ele. Cultive seu amor por Ele. Somente nEle você é completo!

Cristo + Ascetismo

Numa manhã de domingo, eu estava terminando de pregar quando, de repente, um homem se aproximou do púlpito, gritando em alta voz: "Eu tenho algo a dizer. Eu tenho algo a dizer!" Antes que os porteiros pudessem escoltá-lo para fora, o gravador captou o que ele gritara à congregação: "Vocês são falsos religiosos, hipócritas materialistas. Se vocês amassem mesmo a Deus, se livrariam de seus carros e casas luxuosas e dariam tudo o que têm aos pobres. Vocês serviriam a Deus na pobreza como o fez Jesus". Essa era a opinião dele a respeito de espiritualidade, e ele queria que todo mundo soubesse.

Felizmente, esse tipo de comportamento é incomum. Mas esse conceito a respeito de espiritualidade não é nada incomum. Ele é chamado de ascetismo, e tem ameaçado a igreja por séculos. De fato, foi um dos heréticos aditivos sobre os quais Paulo advertira os cristãos em Colossos a evitarem:

> Se morrestes com Cristo para os rudimentos do mundo, por que, como se vivêsseis no mundo, vos sujeitais a ordenanças: não manuseies isto, não proves aquilo, não toques aquilo outro, segundo os preceitos e doutrinas dos homens? Pois que todas estas coisas, com o uso, se destroem. Tais coisas, com efeito, têm aparência de sabedoria, como culto de si mesmo, e de falsa humildade, e de rigor ascético; todavia, não tem valor algum contra a sensualidade. (Cl. 2.20-23)

Um asceta é alguém que vive uma vida de rigorosa auto-abnegação como meio de adquirir perdão de Deus. Os extremos do ascetismo são em geral associados ao monasticismo, que apelava a pessoas que acreditavam que a expiação do pecado e, portanto, a verdadeira espiritualidade exigia pobreza extrema ou renúncia de tudo a fim de que pudesse tornar-se uma freira ou um monge.

Nosso Senhor requer que tomemos nossa cruz e o sigamos, e há muitos testemunhos das bênçãos provenientes da auto-renúncia. Biblicamente, ela não é uma tentativa de obter perdão ou espiritualidade através de auto-humilhação. Ao contrário, é uma resposta voluntária de um coração dedicado a servir a Cristo a qualquer custo. O ascetismo é um assunto diferente. Ele é motivado por orgulho, e não pela humildade; é uma tentativa de realizar, na energia da carne, um relacionamento justo com Deus, o que só pode acontecer através de uma transformação divina por meio da fé em Jesus Cristo.

Paulo disse que morremos "com Cristo para os rudimentos do mundo" (Cl. 2.20). Isso significa que não estamos algemados a nenhum sistema religioso que exige algum tipo de abstinência para nos tornarmos aceitáveis a Deus. Os ensinos ascéticos não são sábios nem mesmo úteis. Ao contrário, eles são enganosos e destrutivos, porque simulam sabedoria e estabelecem um falso padrão de espiritualidade — um padrão que "não tem valor algum contra a sensualidade" (v.23).

"Não têm valor algum contra a sensualidade" é uma frase difícil de interpretar. Ela pode significar que falsos padrões de espiritualidade marcados pelo legalismo não têm valor para combater os desejos da carne. Isso certamente é verdade. O ascetismo não pode restringir a carne. É por isso que tantos cristãos legalistas caem em obscena imoralidade.

Mais provável, porém, é que a frase signifique que falsos padrões de espiritualidade servem apenas para satisfazer a carne. O ascetismo, que cria um padrão para si mesmo, exalta a carne e faz a pessoa orgulhar-se de seus sacrifícios, visões e realizações espirituais. Tal ascetismo afasta de Cristo e escraviza sua vítima ao orgulho carnal.

Cristo + Nada!

Devemos nos agarrar à suficiência de Cristo — nunca acrescentando a ela, nem retirando dela. Todos os tesouros da sabedoria e do conhecimento estão ocultos nEle (Cl. 2.3). Toda a plenitude da Divindade habita corporalmente nEle (2.9). Temos sido aperfeiçoados nEle (2.10). E nada jamais nos pode separar dEle (Rm. 8.35-39). Do que mais necessitamos?

Há alguns anos, fui convidado para apresentar o evangelho a um grupo de atores e atrizes num hotel em *Hollywood*. Aquele era um ambiente estranho para mim, mas estava grato pela oportunidade de apresentar Cristo para eles. Falei por mais ou menos quarenta e cinco minutos, e depois desafiei as pessoas a confiarem em Cristo para a salvação.

Logo após, um jovem veio a mim e me apertou a mão. Ele era um belo e jovem ator da Índia, que viera a *Hollywood* em busca do estrelato. Ele me disse: "Seu discurso foi fascinante e constrangedor. Eu quero Jesus Cristo na minha vida". Fiquei entusiasmado e sugeri que fôssemos a uma sala ao lado, onde teríamos privacidade para conversar e orar.

Caminhamos para lá e sentamo-nos. Depois ele disse: "Eu sou um islamita. Tenho sido islamita por toda a minha vida. Agora eu quero ter a Cristo". Eu estava um pouco perplexo, pois nunca levara um islamita a Cristo e não esperava que um deles fosse responder tão facilmente ao evangelho. Expliquei em mais detalhes o que significava abrir o coração para Cristo, então sugeri que orássemos juntos.

Quando nos ajoelhamos, ele convidou Jesus para entrar em sua vida. Depois eu orei por ele e nos levantamos. Eu estava feliz; ele estava sorrindo e apertou minha mão com firmeza. Mas, então, ele fez uma declaração trágica e reveladora: "Não é maravilhoso? Agora eu tenho duas religiões: cristianismo e islamismo".

Entristecido por causa do óbvio engano dele a respeito do evangelho, eu cuidadosamente expliquei para ele que o cristianismo não funciona assim. Jesus não é alguém que simplesmente podemos acrescentar a qualquer outra religião a qual já seguimos. Deve-se dar as costas para o erro e abraçar a Cristo como único Senhor (1 Ts. 1.9). Jesus mesmo disse: "Ninguém pode servir a dois senhores; porque ou há de aborrecer-se de um e amar ao outro, ou se devotará a um e desprezará ao outro" (Mt. 6.24). Você desiste de todos os outros mestres para ganhar a Cristo, que é a pérola de grande valor (Mt. 13.44-46). Ele recebe a sua vida integralmente e você o recebe plenamente (Mt. 16.24-26).

Mas, como o jovem rico que rejeitou a Cristo para se apegar às suas riquezas (Lc. 18.18-23), aquele jovem ator não estava disposto a trocar sua falsa religião pelo Único que poderia salvar-lhe a alma. Ele se foi sem Cristo.

Você está descansando e confiando na suficiência de Cristo? Cristo é tudo para você? Se for, agradeça-Lhe por sua plenitude. Se não, talvez você esteja confiando na falha, enganosa e inepta sabedoria humana; em rituais religiosos sem significação; ou em algum tipo de experiência mística criada em sua própria mente e sem relação com a realidade. Talvez você tenha pensado que sua própria auto-renúncia ou o sofrimento que você impôs a si mesmo de algum modo irá ganhar o favor de Deus. Se esse é o caso, ponha tudo isso de lado e com simples fé, como de uma criança, abrace o Cristo ressurreto como seu Senhor e Salvador. Ele lhe dará completa salvação, completo perdão e completa vitória. Tudo que você necessita na dimensão espiritual, no presente e na eternidade, se encontra nEle. Arrependa-se de seu pecado e submeta a Ele a sua vida!

---

1. Adolf Schlatter, citado por F.F. Bruce, *The Epistles to the Colossians, to Philemon, and to the Ephesians* (Grand Rapids; Eerdmans, 1984), p. 98.
2. Flavius Josephus, *The Jewish Wars* II, viii 2.
3. Arthur Johnson, *Faith Misguided: Exposing the Dangers of Mysticism* (Chicago; Moody, 1988), pp. 20-23.

Capítulo 9

O Equilíbrio Entre a Fé e o Esforço

... desenvolvei a vossa salvação com temor e tremor; por que Deus é quem efetua em vós tanto o querer como o realizar, segundo a sua boa vontade.

Filipenses 2.12-13

Logo, já não sou eu quem vive, mas Cristo vive em mim;

Gálatas 2.20

Se a filosofia, o legalismo, o misticismo e o ascetismo são falsos padrões de espiritualidade, e se a santificação psicológica não santifica coisa alguma, então como ocorre a verdadeira santificação? Mais especificamente, qual é o papel do crente e qual o papel de Deus na santificação? O próprio fato de o Novo Testamento estar repleto de ordens para os crentes presume que temos a responsabilidade e os recursos para obedecê-las. Mas, quanto fazemos nós e quanto Deus faz?

Esta pergunta foi dirigida a mim recentemente, depois que preguei a um grupo de cristãos sobre o assunto da disciplina espiritual. Falei mais ou menos uma hora, derramando meu coração e admoestando-os a buscarem uma vida zelosa, diligente e espiritual. Depois, uma mulher veio a mim e fez objeção ao que eu dissera: "Eu acho que você apresenta tudo errado quando trata da santificação e do viver diário do crente com Cristo. A Escritura diz: 'Não sou eu quem vive, mas Cristo vive em mim'. Não somos convocados a nos disciplinarmos a nós mesmos ou a realizarmos esforço humano. Somos ordenados a viver pela fé. Isso significa que não fazemos nada. Simplesmente nos rendemos a Deus e deixamos que Ele faça tudo".

Ela estava refletindo uma popular corrente de ensino do movimento "*deeper life*" (vida mais profunda). A visão mantida por esse movimento se popularizou através de livros como *Victory in Christ* (Há Vitória em Cristo), de Charles Trumbull, reimpresso diversas vezes, e *How to Live the Victorious Life* (Como Viver a Vida Vitoriosa), de um autor que se identificou como "Cristão Desconhecido", e *The Christian's Secret of a Happy Life* (O Segredo Cristão de Uma Vida Feliz), de Hannah Whitall Smith. Eles ensinam que o viver cristão não requer esforço da parte dos crentes; o poder para a santidade deve vir de Cristo vivendo dentro deles. Esse ponto de vista contém um pouco de verdade: os cristãos *devem* viver pela fé, e a fonte de poder para o viver santo *é* Cristo que habita em nós. Mas tal ponto de vista tende a ignorar uma verdade igualmente importante: a Escritura *de fato* exorta os crentes ao esforço diligente. O escritor de Hebreus registrou estas palavras: "...continue cada um de vós mostrando, até ao fim, a mesma diligência para a plena certeza da esperança; para que não vos torneis indolentes, mas imitadores daqueles que, pela fé e pela longanimidade, herdam as promessas" (Hb. 6.11-12). E Pedro exigiu uma fé ativa: "...reunindo toda a vossa diligência, associai com a vossa fé a virtude; com a virtude, o conhecimento; com o conhecimento, o domínio próprio; com o domínio próprio, a perseverança; com a perseverança, a piedade; com a piedade, a fraternidade; com a fraternidade, o amor" (2 Pe. 1.5-7).

O apóstolo Paulo ressaltou o paradoxo de nossa santificação em sua epístola aos filipenses, ao escrever: "Desenvolvei a vossa salvação com temor e tremor". Porém, imediatamente ele acrescentou: "Porque Deus é quem efetua em vós tanto o querer como o realizar, segundo a sua boa vontade" (Fp. 2.12-13).

Quietismo Versus Pietismo

A mulher que fez objeção à minha mensagem tem um ponto de vista sobre a santificação conhecido como quietismo. O quietismo afirma que o cristão deve ser passivo (quieto) no processo de crescimento espiritual e deixar Deus fazer tudo. De acordo com o ensino dos quietistas, o cristão não deve exercer nenhuma energia ou esforço no processo de crescimento espiritual, pois o frágil esforço humano apenas impede a operação do poder de Deus. Os quietistas crêem que os cristãos devem apenas entregar-se completamente ao Espírito Santo (isto também é chamado de "render-se", "morrer para o eu", "crucificar a si mesmo", "mortificar a carne" ou "pôr a vida sobre o altar"). Então, o Espírito vem e vive uma vida de vitória através de nós, e Cristo literalmente nos substitui ("já não sou eu quem vive, mas Cristo vive em mim" — Gl. 2.20). Em sua forma extrema, o quietismo é um passivismo espiritual em que Deus se torna totalmente responsável pelo comportamento do crente, e o crente sente que nunca deve exercer esforço pessoal na busca por um viver reto. Os quietistas popularizaram as frases: "Deixa Deus fazer" e "Eu não posso, mas Ele pode".

O oposto do quietismo é o pietismo, que ensina que os crentes devem trabalhar muito e praticar extrema autodisciplina para alcançar piedade pessoal. O pietismo enfatiza o estudo bíblico enérgico, a autodisciplina, a vida santa pela obediência diligente e a busca do dever cristão. O pietismo extremo não para aí, mas sempre adota padrões legalistas que governam o vestir, o estilo de vida e assim por diante. As seitas *Amish*, nos Estados Unidos, que proíbem seu povo de usar eletricidade, automóveis ou outros confortos modernos é um exemplo de pietismo radical.

Muitos dos quietistas e pietistas concordariam que a salvação é pela graça, exclusivamente por meio da fé em Cristo. A discordância deles está na área da santificação. Os quietistas desprezam ou ignoram completamente o esforço do crente e, portanto, arriscam-se a promover a irresponsabilidade e a apatia espiritual. Os pietistas tendem a exagerar o esforço humano e, portanto, tendem a inflamar o orgulho das pessoas ou a cair no legalismo.

Atingindo um Equilíbrio Adequado

Veja novamente as palavras de Paulo aos filipenses: "Assim, pois, amados meus, como sempre obedecestes, não só na minha presença, porém, muito mais agora, na minha ausência, desenvolvei a vossa salvação com temor e tremor; porque Deus é quem efetua em vós tanto o querer como o realizar, segundo a sua boa vontade" (Fp. 2.12-13).

No versículo 12, Paulo fala como um pietista: "Desenvolvei a vossa salvação com temor e tremor". No versículo 13, como um quietista: "Deus é quem efetua em vós". No versículo 12, nós estamos agindo; no versículo 13, Deus está agindo. Existe um perfeito equilíbrio aí, mas com certeza é difícil entendê-lo completamente. Por que o apóstolo nos ordenaria desenvolver a nossa própria salvação, se Deus está operando em nós tanto o querer quanto o efetuar, segundo os seus absolutos propósitos? Paulo não procurou harmonizar a tensão entre essas duas declarações. Simplesmente afirmou os dois lados do paradoxo.

Tais ambigüidades não devem nos perturbar. Quem pode compreender a mente de Deus? Seus pensamentos estão muito além de nosso limitado entendimento, como o céu está acima da terra (Is. 55.9; Dt. 29.29).

O ensinamento bíblico sobre a salvação contém um paradoxo semelhante. O evangelho exige que deixemos o pecado e abracemos o Senhor Jesus Cristo como Salvador ou seremos condenados para sempre. Exige um ato da vontade humana no qual o pecador se arrepende e põe sua fé na pessoa e na obra de Cristo. No entanto, a Escritura assevera que a salvação é totalmente uma obra de Deus (Ef. 2.8-9) e que Ele escolheu pessoas para a salvação antes da fundação do mundo (Ef. 1.4-5).

A mesma dificuldade existe no ensinamento da Escritura sobre a perseverança dos santos. Todos os crentes estão eternamente seguros porque Deus nos sustenta em suas mãos e ninguém pode nos arrebatar dali (Jo. 10.27-29). Ninguém pode intentar acusação contra nós, e nada pode nos separar do amor de Deus em Cristo (Rm. 8.33-35). Entretanto, a Bíblia diz que aqueles que herdam a vida eterna serão fiéis e perseverarão até ao fim (Mt. 10.22; 24.13; Cl. 1.22-23). A salvação final é garantida e assegurada por Deus, mas não sem a perseverança da fé do cristão.

Tratando-se do assunto da santificação, não devemos ficar surpresos por encontrar ainda outra união inexplicável entre o esforço pessoal do crente e o soberano controle de Deus. Filipenses 2.12-13 certamente não é a única passagem a falar sobre a santificação nesses termos. Em 1 Coríntios 15.10, Paulo se refere à sua própria situação espiritual, dizendo: "Pela graça de Deus, sou o que sou; e sua graça, que me foi concedida, não se tornou vã". Isso soa como quietismo até que Paulo acrescenta: "Antes, trabalhei muito mais do que todos eles". Isso é pietismo. Ele encerra o versículo com: "Todavia, não eu, mas a graça de Deus comigo". Quietismo novamente. Deus estava fazendo Paulo ser aquilo que ele era, e Paulo estava trabalhando arduamente ao lado de Deus. Entretanto, Paulo reconheceu que tudo foi obra da graça de Deus nele. Assim, o ponto de vista de Paulo sobre a santificação nem era quietismo, nem pietismo, era um perfeito equilíbrio entre Deus, que está operando no crente, e o crente mesmo, que deve esforçar-se pela santificação. Paulo nunca falou de sua própria santificação sem reconhecer ambos os lados. Ele não receberia o crédito pela obra de Deus em sua vida, mas também não se contentava em sentar-se ociosamente, contando com Deus para fazer algo nele sem sua ativa participação.

Em Colossenses 1.28, Paulo afirma a direção e o objetivo final de seu ministério: "Advertindo a todo homem e ensinando a todo homem em toda a sabedoria, a fim de que apresentemos todo homem perfeito em Cristo".

No versículo 29, ele fala sobre o poder por trás de seu ministério: "Para isso é que eu também me afadigo, esforçando-me o mais possível, segundo a sua eficácia que opera eficientemente em mim".

A linguagem que Paulo usa aí é ilustrativa. A palavra grega traduzida por "me afadigo" (*kopiaō*) fala de trabalhar com esforço cansativo, trabalhar a ponto de ficar exausto. A palavra traduzida por "esforçando-me" (*agōnizomai*) é a palavra da qual surgiu a nossa palavra agonizar; significa "lutar", "labutar", "sofrer". A palavra enfatiza o trabalho incansável de Paulo e suas lutas contra todo tipo de contratempo e oposição. Esta não é a linguagem de um quietista.

Paulo se esforçou, lutou e agonizou ao máximo, mas acrescentou a frase crucial: "Segundo a sua eficácia que opera eficientemente em mim". Esse é o mesmo maravilhoso e misterioso paradoxo que vemos continuamente nos escritos de Paulo. Claramente, a santificação sobre a qual ele escreveu era o resultado de seu esforço em harmonia com o propósito divino; mas ele sempre deu a glória a Deus.

O viver santo, então, exige que dediquemos nossa vida e energia ao serviço de Jesus Cristo, com todas as capacidades que possuímos. De outro modo, cada ordem na Escritura seria sem sentido. De fato, o primeiro e grande mandamento requer nosso supremo esforço: "Amarás, pois, o Senhor, teu Deus, de todo o teu coração, de toda a tua alma, de todo o teu entendimento e de toda a tua força" (Mc. 12.30). Cada ato de correção divina sobre um crente demonstra quão séria é essa responsabilidade (Hb. 12.1-11). Os crentes devem usar todas as suas energias para servirem ao Senhor com diligência. Ao mesmo tempo, tudo que se realiza em nosso íntimo é a obra de Deus.

Nossa Parte: Desenvolver Nossa Salvação

"Desenvolvei a vossa salvação" é a principal frase de Filipenses 2.12. O verbo grego traduzido por "desenvolvei" (*katergazomai*) está conjugado no presente do imperativo, podendo ser traduzido por "esforçai-vos incessantemente para desenvolver a vossa salvação". Essa é a parte do crente na santificação.

Alguns erroneamente concluíram que desenvolver a nossa salvação significa que precisamos adquiri-la, isto é, trabalhar *para* consegui-la ou *para* ganhá-la. Mas é claro que a salvação "é dom de Deus; não de obras, para que ninguém se glorie" (Ef. 2.8-9). Além disso, Paulo afirmou: "Ninguém será justificado diante dele por obras da lei... pois todos pecaram e carecem da glória de Deus, sendo justificados gratuitamente, por sua graça, mediante a redenção que há em Cristo Jesus... Concluímos, pois, que o homem é justificado pela fé, independentemente das obras da lei" (Rm. 3.20, 23-24, 28).

"Desenvolvei a vossa salvação" não é uma ordem dada aos incrédulos, para que trabalhem por sua própria salvação. É um chamado aos crentes, para que exerçam constante esforço e diligência no viver santo, baseados nos recursos divinos dentro deles (Fp. 2.13). A Escritura está repleta de ordens semelhantes a estas. Por exemplo, Romanos 6.19 diz: "Assim como oferecestes os vossos membros para a escravidão da impureza e da maldade para a maldade, assim oferecei, agora, os vossos membros para servirem à justiça para a santificação". 2 Coríntios 7.1 diz: "Tendo, pois, ó amados, tais promessas, purifiquemo-nos de toda impureza, tanto da carne como do espírito, aperfeiçoando a nossa santidade no temor de Deus". Paulo escreveu aos efésios: "Rogo-vos, pois, eu, o prisioneiro no Senhor, que andeis de modo digno da vocação a que fostes chamados" (Ef. 4.1), e detalhou como conseguir isso (vv. 2-3). Em Colossenses 3.5-17, ele dá uma série de ordens que sugerem nossa responsabilidade de cultivar a disciplina espiritual e o viver santo.

Em 1 Coríntios 9.24-27, Paulo diz: "Não sabeis vós que os que correm no estádio, todos, na verdade, correm, mas um só leva o prêmio? Correi de tal maneira que o alcanceis. Todo atleta em tudo se domina; aqueles, para alcançar uma coroa corruptível; nós, porém, a incorruptível. Assim corro também eu, não sem meta; assim luto, não como desferindo golpes no ar. Mas esmurro o meu corpo e o reduzo à escravidão, para que, tendo pregado a outros, não venha eu mesmo a ser desqualificado". Paulo não lutou em vão nem correu sem meta; lutou para vencer; perseguiu a santificação com o máximo esforço. No final de sua vida, proclamou com confiança: "Combati o bom combate, completei a carreira, guardei a fé" (2 Tm. 4.7).

A ordem para desenvolver a salvação também se refere a lutarmos com um objetivo ou a trazermos algo à realização, plenitude ou término, da mesma forma que alguém pode "desenvolver" um problema difícil ou um pianista pode "desenvolver" uma difícil frase melódica de uma sonata. A expressão fala de resolver algo, aperfeiçoá-lo ou trazê-lo à conclusão. Paulo desejava que os filipenses desenvolvessem sua salvação até a perfeição, conformando-se à imagem de Cristo. Quando fala de salvação, Paulo tem em mente o pleno gozo da própria salvação, instando os filipenses a prosseguirem em direção àquele objetivo. Em outras palavras, o sentido da mensagem de Paulo não é "trabalharem *pela* salvação", mas "trabalharem *na* salvação", no sentido de moverem-se em direção à consumação da fé, na glória. Os eleitos deveriam procurar diligentemente a santidade, até que Cristo retorne.

Filipenses 2.12 contém cinco frases-chaves que nos ajudam a entender como desenvolver a nossa salvação: "Assim, pois, amados meus, como sempre obedecestes, não só na minha presença, porém, muito mais agora, na minha ausência, desenvolvei a vossa salvação com temor e tremor".

"Assim, pois": Compreendam o exemplo que lhes foi apresentado. A expressão "assim, pois" leva-nos de volta a Filipenses 2.5-11, onde Jesus é apresentado como modelo de humildade, obediência e submissão:

> *Tende em vós o mesmo sentimento que houve também em Cristo Jesus, pois ele, subsistindo em forma de Deus, não julgou como usurpação o ser igual a Deus; antes, a si mesmo se esvaziou, assumindo a forma de servo, tornando-se em semelhança de homens; e, reconhecido em figura humana, a si mesmo se humilhou, tornando-se obediente até à morte e morte de cruz. Pelo que também Deus o exaltou sobremaneira e lhe deu o nome que está acima de todo nome, para que ao nome de Jesus se dobre todo joelho, nos céus, na terra e debaixo da terra, e toda língua confesse que Jesus Cristo é Senhor, para glória de Deus Pai.*

Ser semelhante a Cristo é a essência da dedicação espiritual. Por isso Paulo escreveu aos gálatas, dizendo que estava em trabalho de parto até que Cristo estivesse completamente formado neles (Gl. 4.19), e João declarou que aqueles que professam conhecer a Cristo devem seguir o padrão de vida que Cristo viveu (1 Jo. 2.6).

"Amados meus": *Entendam que vocês são amados*. A igreja dos filipenses era uma igreja fiel, mas não era sem problemas. Aparentemente havia orgulho e desunião na igreja, de outro modo Paulo não teria dado tanta ênfase à unidade (2.1-5). Sabemos que duas mulheres, Evódia e Síntique, lideraram facções opostas uma a outra (4.2, 3), e possivelmente havia outros problemas semelhantes a este.

Apesar das falhas dos filipenses, Paulo ainda os amava e pacientemente os corrigia. Ele os chamava de "amados" (Fp. 2.12; 4.1). Paulo notificou-lhes: "Pois minha testemunha é Deus, da saudade que tenho de todos vós, na terna misericórdia de Cristo Jesus" (1.8). Ele os tratava com paciência, misericórdia e graça, as quais são marcas do próprio Cristo.

No processo de desenvolver a sua salvação, haverá tempos quando você fracassará. Portanto, você precisa entender que Deus o ama e é paciente, misericordioso e perdoador. Há lugar no amor de Deus para os seus fracassos.

"Como sempre obedecestes": *Entendam o valor da obediência*. A obediência é uma característica peculiar de todos que em verdade amam a Cristo (Jo. 14.15). Os filipenses não eram uma exceção. A palavra grega traduzida por "obedecestes" (*hupakouō*) literalmente significa "atender a porta" ou "obedecer como resultado de ouvir". Traz a idéia de submeter-se a algo que se ouviu. Lídia, por exemplo, ouviu a pregação de Paulo, em Filipos, e o Senhor abriu seu coração para que ela respondesse ao evangelho. Subseqüentemente, foi batizada e estendeu sua hospitalidade a Paulo e seus companheiros (At. 16.14-15). O mesmo foi verdade sobre o carcereiro filipense (At. 16.30-34). Cada um deles atendeu à Palavra de Deus.

"Não só na minha presença, porém, muito mais agora, na minha ausência": Entendam seus recursos e responsabilidades. Os crentes de Filipos eram obedientes quando Paulo estava com eles; mas Paulo queria que fossem ainda mais obedientes, quando ele estava ausente. Em certo sentido, não mais precisavam dele. Era tempo de internalizarem os ensinamentos de Paulo e continuarem a buscar a santidade por sua própria conta. Esta é a responsabilidade de todos os cristãos.

O amável apoio e o senso de responsabilidade que outros crentes nos proporcionam são coisas maravilhosas; mas é possível nos tornarmos excessivamente dependentes deles para recebermos força e encorajamento espiritual. Às vezes, quando os crentes deixam o ambiente que lhes oferece amparo, lutam para se manterem puros e disciplinados, pois perderam seu apoio espiritual.

Quando Paulo disse: "Desenvolvei a *vossa* salvação" (ênfase minha), ele estava dando a entender que, em Cristo, os crentes são suficientes para viverem em santidade, independentemente de qualquer ajuda externa. São vasos que contêm todos os recursos divinos, sendo capazes e responsáveis por seu próprio bem-estar espiritual.

"Com temor e tremor": Entendendo as conseqüências do pecado. Embora Deus seja paciente e perdoe os pecados de seus filhos, o pecado inevitavelmente traz conseqüências. Esta é a razão por que devemos andar em santidade com "temor e tremor".

A palavra grega traduzida por "temor" é *phobos,* da qual surgiu a palavra *fobia.* "Tremor" é a tradução de *tromos,* da qual se originou a palavra *trauma.* Essas palavras juntas falam de um saudável temor em ofender a Deus e de um anseio correto para fazermos aquilo que é justo aos olhos dEle. Não se trata de um temor de sermos lançados na eterna condenação, mas de um temor reverente que leva a pessoa a viver na justiça.

Este tipo de temor é o temor de pecar, o temor de confiar em nossas próprias forças, ao enfrentarmos a tentação; é o horror que sentimos ao pensar em desonrar a Deus. Este temor é um pressentimento de perigo que surge ao compreendermos que o pecado facilmente nos engana e que o nosso coração não é digno de confiança. É o sentimento de pavor que surge ao pensarmos na possibilidade de um colapso moral; é uma aversão contra a desqualificação que o pecado pode produzir; é aquele senso de repúdio a qualquer coisa que entristece ou afronta o Deus três vezes santo.

Isaías 66.2 refere-se ao temor que agrada a Deus: "O homem para quem olharei é este: o aflito e abatido de espírito e que treme da minha palavra". No versículo 5, ele afirma: "Ouvi a palavra do SENHOR, vós, os que a temeis". Nesse contexto, ao falar a respeito daquele que treme perante a sua palavra, o Senhor usa aquela expressão como um título para descrever o verdadeiro crente. Cada crente deve viver com um tal temor ante a majestade e a santidade de Deus, que evite o pecado para que este não ofenda o seu Senhor, não macule o seu testemunho e não o torne inútil para o ministério no corpo de Cristo, trazendo sobre si a correção divina.

Desenvolver a nossa salvação não é algo fácil. Exige esforço árduo e disciplina consistente. Envolve uma busca por santidade durante toda a nossa vida. Esta busca requer que sigamos a Cristo, que entendamos o amor de Deus, que cultivemos a obediência à Palavra, que nos apropriemos de nossos recursos espirituais e avaliemos as graves conseqüências do pecado.

Paulo asseverou que desenvolver a nossa salvação consiste em esmurrarmos o nosso corpo, trazendo-o em sujeição (1 Co. 9.27); consiste também em purificarmo-nos de toda impureza da carne, aperfeiçoando a nossa santificação no temor de Deus (2 Co. 7.1). Uma chamada tão alta como esta, significará que nem sempre alcançaremos o alvo. Mas um saudável temor a Deus evitará que estejamos continuamente falhando, pois nos motivará a buscar a santidade acima de qualquer outra coisa.

A Parte de Deus: Operar em Nós

Em Filipenses 2.13, Paulo explica a parte de Deus na santificação: "Deus é quem efetua em vós tanto o querer como o realizar, segundo a sua boa vontade". Que verdade notável! Deus mesmo habita em nós e nos dá o poder para fazermos a sua vontade. Não temos capacidade em nós mesmos; nossa capacidade vem de Deus (2 Co. 3.5). Neste pequeno versículo de Filipenses, há cinco verdades fundamentais a respeito de Deus, que nos ajudarão a compreender os recursos divinos para o nosso viver cristão.

A pessoa de Deus. Paulo disse: "*Deus* é quem efetua em vós" (ênfase minha). Literalmente, o texto grego põe a ênfase na pessoa de Deus: "Deus é Aquele que opera em vós". Deus está tão intimamente envolvido com a nossa vida e tão preocupado com o nosso bem-estar espiritual que Ele, em pessoa, habita em nós, a fim de que façamos aquilo que Ele ordena.

O nosso verdadeiro progresso espiritual não depende de nossas próprias habilidades e capacidades, ainda que Deus possa nos abençoar abundantemente com essas dádivas; nem do encorajamento e do amparo proporcionado por outros crentes, embora o ministério deles certamente seja uma grande bênção; nem dos pastores e mestres que ministram a Palavra de Deus e cuidam de nós, como um pastor cuida de suas ovelhas; tampouco depende dos anjos santos enviados do céu como espíritos ministradores (Hb. 1.14).

A verdadeira causa de todo o nosso progresso espiritual é apenas esta: o próprio Deus está operando em nós, para realizar a nossa santificação. Essa é a razão pela qual a santificação nunca pode ser totalmente impedida. O mesmo Deus que nos justifica, nos santifica e, por fim, haverá de nos glorificar (Rm. 8.30). A salvação sempre produzirá obras de justiça (Tg. 2.17-26; Ef. 2.10). Isso é inevitável, pois o imutável, glorioso, soberano, justo, santo, gracioso e misericordioso Deus, Aquele que rege todas as coisas e sempre faz o que deseja, este Deus está operando em nós e jamais será impedido.

Temos aqui um conceito que o mundo pagão não pode entender. Os deuses dos pagãos são demasiadamente insensíveis, vingativos e não se envolvem com as pessoas. Mas o nosso Deus opera em nós porque nos ama com um amor infinito e estende sobre nós a sua eterna bondade. Ele nos preserva por causa de sua aliança eterna, a qual está alicerçada em promessas eternas. "Porque os dons e a vocação de Deus são irrevogáveis" (Rm. 11.29). Deus nos acompanha por toda a vida e supre todas as nossas necessidades em Cristo Jesus.

O poder de Deus: Operando. Paulo usou o particípio presente do verbo grego *energeō* para descrever a atividade de Deus em nós: "Deus é quem *efetua*" (ênfase minha). A nossa palavra "energia" origina-se do verbo *energeō*. Este verbo fala de uma energia ativa e produtiva, o infinito poder de Deus em ação. Deus é Aquele que opera o nosso progresso espiritual. Seu poder conduz-nos à santificação. Seu poder nos impulsiona à retidão e restringe o pecado. Esta é a razão por que somos eternamente seguros em Cristo. O poder de Deus conduz-nos à glorificação. Nós perseveramos porque somos capacitados pelo poder de Deus. Não há limites para o poder de Deus; portanto, reconhecemos que Ele completará até o fim aquela obra que começou em nós (Fp. 1.6).

A presença de Deus: Em nós. Em Efésios 3.20, Paulo afirma que Deus é "poderoso para fazer infinitamente mais do que tudo quanto pedimos ou pensamos, conforme o seu poder que opera em nós". Paulo poderia ter dito: "Conforme o poder que opera no céu, em Cristo ou no Espírito Santo". Mas, ao invés disso, ele deu ênfase ao fato de que o poder de Deus está operando *em nós*. Deus pode e, na verdade, cumpre seus propósitos por meio do seu poder que opera *em nós*; seus propósitos estão além de nossa capacidade de planejar, raciocinar ou até mesmo imaginar. Aquele poder interior flui do próprio Deus e é o alicerce de nossa suficiência.

A propósito, a presença de Deus nos crentes é uma doutrina exclusivamente cristã. No Velho Testamento, os crentes adoravam a Deus no Tabernáculo. Agora, nós somos o templo de Deus, pois Cristo habita no coração de cada crente. 2 Coríntios 6.16 declara: "Nós somos santuário do Deus vivente, como ele próprio disse: Habitarei e andarei entre eles; serei o seu Deus, e eles serão o meu povo". Desde que entregamos nossa vida a Cristo e o conhecemos face a face, não há momento algum, em nossa existência, em que Deus não esteja conosco. Ele está sempre presente, sustentando, firmando, suprindo, fortalecendo, protegendo e produzindo em nossa vida os frutos da santificação.

O processo de santificação não pode ser barrado. As diferentes veredas que algumas pessoas trilham, em sua jornada espiritual, podem ser difíceis para entendermos, mas em todas elas o que se sobressai é a fidelidade de Deus, e não o descuido humano. O pecado retardará o processo de santificação, mas Deus cumprirá seu propósito, ainda que Ele precise disciplinar o crente (Hb. 12.5-11).

O propósito de Deus: O querer e o realizar. O propósito de Deus é impulsionar em nós o querer e o realizar — nossos desejos e nossos atos. O poder de Deus concede-nos tanto o desejo quanto a habilidade para fazermos o que é correto. Todo o nosso comportamento resulta de nossos desejos e intenções. De fato, a palavra grega traduzida por "querer" (*thelō*), em Filipenses 2.13, fala de intento e inclinação. Deus opera em nós, para inspirar desejos santos, de tal forma que nosso comportamento será agradável a Ele. Como Ele faz isto? Usando duas coisas a fim de tornar os nossos desejos iguais aos dEle. A primeira é uma santa insatisfação. Deus nos torna insatisfeitos com a nossa natureza carnal. Paulo experimentou isso, a ponto de sentir-se miserável; ele clamou: "Desventurado homem que sou! Quem me livrará do corpo desta morte?" (Rm. 7.24).

A segunda coisa que Deus usa para conformar os nossos desejos aos dEle é despertar em nós um anelo pelas coisas santas. Isso é o contrário da insatisfação. É um desejo por algo melhor, mais puro e mais santo. Lemos a respeito de homens de Deus, tais como Paulo e João, e sentimos o desejo de ser semelhantes a eles. Ou podemos estar lendo a biografia de algum grande servo de Deus e, de repente, percebemos quão superficiais somos em nossa dedicação ao Senhor. Isto produz um desejo santo de sermos mais disponíveis ao serviço de Deus.

Além de inflamar os nossos desejos e intenções, Deus também nos impulsiona a trabalharmos de modo a causar-lhe satisfação. Paulo usou a mesma palavra grega (*energeō*) para descrever tanto o nosso trabalho para Deus como a obra de Deus em nós. Deus nos impulsiona para as coisas que lhe agradam. Um santo descontentamento produz em nós desejos santos, os quais nos conduzem a uma resolução em fazer aquilo que é correto; e isto, em última instância, resulta em um comportamento santo.

A satisfação divina: Segundo a sua boa vontade. A palavra grega traduzida por "boa vontade" (*eudokia*), neste texto, fala de satisfação ou agrado. Deus opera em nós para que façamos aquilo que lhe satisfaz e agrada. Este é o objetivo do processo de santificação. Desenvolver a nossa salvação com temor e tremor agrada a Deus.

Os crentes são muito queridos para Deus. Assim, quando realizamos a vontade dEle, Ele fica satisfeito. Esta é a essência de qualquer relacionamento: Queremos agradar aqueles a quem amamos. Deus deseja o melhor de nossa parte, pois isto O deixa muitíssimo satisfeito. Além disso, Ele é digno; portanto, oferecemos-Lhe o melhor de nós como uma demonstração de amor.

Pense nisso! Podemos causar satisfação Àquele que faz tudo por nós. Àquele que perdoa as nossas iniquidades, resgata-nos da condenação eterna, coroa-nos com graça e misericórdia, enche de bens os nossos anos, de modo que a nossa mocidade se renova como a da águia (Sl. 103.3-5). Que privilégio imenso!

Portanto, antes de abordarmos o assunto da santificação, seguindo um ponto de vista meramente quietista ou pietista, vemos que há uma maravilhosa combinação entre os nossos melhores esforços e os recursos providenciados por Deus. Não servimos a um Deus que nos sobrecarrega e obriga, fazendo exigências impossíveis, e, em seguida, nos pune por nossa falta de obediência. Servimos ao Deus que nos dá o poder a fim de vivermos para sua glória.

A singularidade e o mistério do cristianismo é "Cristo em vós, a esperança da glória" (Cl. 1.27). Ele é a nossa santificação e a nossa suficiência. Deus nos chama a vivermos vidas santas, mas, de fato, é Ele quem nos santifica. Deus nos convoca a servi-Lo, mas, na realidade, é Ele quem nos impulsiona a isto, por meio de seu próprio poder e sua presença em nós. A obra é dEle, mas é nossa também — um divino companheirismo. A glória, contudo, pertence somente a Ele.

Nisto há absoluta suficiência! Não importa qual a área da vida, a fonte para a qual devemos recorrer é Deus. Somente um tolo não aceitaria esta verdade!

Capítulo 10

Batalha Espiritual: Quem Está Contra Quem?

*Revesti-vos de toda a armadura de Deus,
para poderdes ficar firmes
contra as ciladas do diabo;
porque a nossa luta não é
contra o sangue e a carne,
e, sim contra os principados e potestades,
contra os dominadores deste
mundo tenebroso,
contra as forças espirituais do mal,
nas regiões celestes.*

Efésios 6.11-12

O seguinte artigo apareceu certa feita no jornal *Los Angeles Times*:
> Sob a militante bandeira da "batalha espiritual", um crescente número de evangélicos e líderes cristãos carismáticos têm preparado vastos ataques ao que eles chamam de poderes cósmicos das trevas.
>
> Fascinados com a noção de que Satanás comanda uma hierarquia de demônios territoriais, algumas agências missionárias e pastores de igrejas grandes estão criando estratégias para "derrubar as fortalezas" daqueles espíritos maus, que supostamente controlam cidades e campos.
>
> Alguns proponentes desse recente movimento sustentam que reuniões de oração concentrada acabaram com a maldição do Triângulo das Bermudas, levaram à queda, no Estado de Oregon, o guru do amor livre, Baghwan Shree Rajneesh, em 1987; e, para as Olimpíadas de Verão em Los Angeles, em 1984, produziram, por duas semanas, um declínio na taxa de crimes, uma atmosfera amistosa e estradas desobstruídas.
>
> Este não é um enredo cinematográfico para uma versão religiosa de "Os Caça-fantasmas II". No entanto, o cenário que se desenrola diante de nós tem uma influência que resulta da ficção. O interesse na batalha espiritual se acentuou com dois romances muito vendidos em livrarias evangélicas. "Neste Mundo Tenebroso", de Frank Peretti, descreve a luta religiosa contra "espíritos territoriais mobilizados para dominar uma pequena cidade", e um segundo romance do próprio Peretti, que tem uma premissa similar.
>
> O Professor do Seminário Fuller, C. Peter Wagner, que tem escrito extensivamente sobre este assunto, liderou uma reunião de cúpula sobre batalha espiritual no nível cósmico, em Pasadena, com dúzias

> *de homens e mulheres, incluindo um casal de texanos que lideram um grupo chamado "Generais de Intercessão" e um homem, do Estado de Oregon, que dirige "acampamentos de batalha espiritual".*
>
> *Em sua introdução, Wagner disse: "O Espírito [Santo] está dizendo algo às igrejas através desses livros [de Peretti], embora sejam ficção. Pessoas que jamais leriam nossos livros estão lendo aqueles...*
>
> *Um motivo de precaução, disse Wagner, é o perigo envolvido: "Se você não sabe o que está fazendo, e poucos... têm a habilidade necessária, Satanás vai devorá-lo no café da manhã".*[1]

Causa-me espanto o número de cristãos que são arrastados ao florescente movimento da "batalha espiritual". Estou convencido de que ele representa uma doentia obsessão por Satanás e pelos poderes demoníacos. A julgar pela afluência, milhares de cristãos realmente crêem que, se não comparecerem a um acampamento de batalha espiritual e não aprenderem alguma estratégia para combater demônios, Satanás vai lhes devorar no café da manhã.

Isso é verdade? Existe alguma estratégia secreta para se aprender com os "peritos" a arte da batalha espiritual? Os cristãos precisam estudar técnicas místicas para confrontar e dar ordens às forças malignas, "amarrando" o diabo, "derrubando as fortalezas" de demônios territoriais e outros complexos estratagemas do combate metafísico? Estaremos sendo simplistas por pensar que a armadura, descrita em Efésios 6, é suficiente para nos livrar de sermos devorados por Satanás no café da manhã?

Absolutamente, não. Uma das gloriosas verdades a respeito de nossa suficiência em Cristo é que já somos mais que vencedores na grande batalha espiritual cósmica (Rm. 8.37). Satanás já é um inimigo derrotado (Cl. 2.15; 1 Pe. 3.22).

Com toda a certeza, estamos envolvidos em uma contínua "luta... contra os principados e potestades, contra os dominadores deste mundo tenebroso, contra as forças espirituais do mal, nas regiões celestes" (Ef. 6.12). Mas Cristo já é o Vencedor desta guerra espiritual. Quando o apóstolo Paulo escreveu aos cristãos de Éfeso, não estava sugerindo que vissem seu conflito com os poderes das trevas como uma batalha cujo resultado ainda estava pendente. Ele estava dizendo aos efésios que precisavam ser "fortalecidos *no* Senhor e na força do *seu* poder" (v.10 ênfase minha); precisavam ficar firmes (vv.11,13) e usar a armadura espiritual — a verdade, a justiça, o evangelho da paz, a fé, a salvação e a Palavra de Deus — a fim de resistirem às ciladas do diabo. Deveriam lutar numa posição de vitória, não com medo que Satanás lhes devorasse no café da manhã.

O apóstolo também não estava sugerindo que a igreja iniciasse confrontos com os principados e os poderes malignos. Não há necessidade de que os cristãos procurem engajar Satanás no combate. Em lugar algum na Escritura somos encorajados a fazê-lo. Ao contrário, devemos ser "sóbrios e vigilantes", porque "o *diabo*", nosso adversário, "anda em derredor, como leão que ruge" e devora (1 Pe. 5.8 - ênfase minha). Afinal, quem está contra quem?

Visto que Satanás está nos perseguindo, como evitar que nos tornemos um café da manhã instantâneo? Certamente não é indo atrás de Satanás, caçando-o, tentando prendê-lo, dando-lhe ordens ou repreendendo-o com alguma palavra mágica. Simplesmente resistimos "ao diabo, e ele fugirá de nós" (Tg. 4.7). Por quê? Porque Aquele que habita em cada crente é maior do que o diabo (1 Jo. 4.4); todos os poderes do inferno sabem disso (Mt. 8.28-32).

Uma prova da influência que o misticismo tem exercido sobre a igreja está no fato de que um movimento tão obcecado com Satanás e seus domínios pudesse, de repente, tornar-se tão popular entre os crentes. Muitas das táticas advogadas por esses supostos peritos em batalha espiritual não têm qualquer fundamento bíblico; são fruto do misticismo exagerado. Aqueles que as defendem falam como se tivessem grande autoridade, mas a verdade é que você não encontrará apoio bíblico para a maioria das técnicas que eles recomendam. Onde é que a Escritura indica, por exemplo, que os cristãos devem se reunir para guerrear em oração contra o crime e o congestionamento do tráfego, ou para exorcizar fenômenos como o do Triângulo das Bermudas?

Pior ainda, tal ensino de fato encoraja os cristãos a brincarem com assuntos demoníacos ou a viverem no medo e na superstição. Isso é exatamente contrário ao plano de Deus. Devemos nos equipar para a batalha espiritual, tornando-nos peritos na retidão, não concentrando nossos pensamentos e energias no inimigo, temendo o seu poder (Fp. 4.8; Rm. 16.19).

Dizendo isto de outra maneira, nossa suficiência em Cristo nos torna aptos para a batalha. Os recursos espirituais que possuímos nEle são suficientes para nos sustentar diante do inimigo, independentemente de quaisquer manobras que possamos aprender em algum seminário de batalha espiritual. "Não lhe ignoramos os desígnios" (2 Co. 2.11); nós temos um poder maior habitando em nós (1 Jo. 4.4); temos a própria promessa, feita por Deus, da absoluta segurança em Cristo (Rm. 8.38-39).

Vamos olhar com mais detalhes o que a Escritura ensina sobre a batalha espiritual.

Os Participantes

Quando usamos o termo "batalha espiritual", a respeito do que estamos falando? Quem está combatendo quem? E por quê? Apocalipse 12 conta toda a história numa narrativa singular. Esta é a visão do apóstolo João sobre a batalha cósmica dos séculos:

> *Viu-se grande sinal no céu, a saber, uma mulher vestida do sol com a lua debaixo dos pés e uma coroa de doze estrelas na cabeça, que, achando-se grávida, grita com as dores de parto, sofrendo tormentos para dar à luz. Viu-se, também, outro sinal*

no céu, e eis um dragão, grande, vermelho, com sete cabeças, dez chifres e, nas cabeças, sete diademas. A sua cauda arrastava a terça parte das estrelas do céu, as quais lançou para a terra; e o dragão se deteve em frente da mulher que estava para dar à luz, a fim de lhe devorar o filho quando nascesse. Nasceu-lhe, pois, um filho varão, que há de reger todas as nações com cetro de ferro. E o seu filho foi arrebatado para Deus até ao seu trono. A mulher, porém, fugiu para o deserto, onde lhe havia Deus preparado lugar para que nele a sustentem durante mil duzentos e sessenta dias.

Houve peleja no céu. Miguel e os seus anjos pelejaram contra o dragão. Também pelejaram o dragão e seus anjos; todavia, não prevaleceram; nem mais se achou no céu o lugar deles. E foi expulso o grande dragão, a antiga serpente, que se chama diabo e Satanás, o sedutor de todo o mundo, sim, foi atirado para a terra, e, com ele, os seus anjos. Então, ouvi grande voz do céu, proclamando:

Agora, veio a salvação, o poder, o reino do nosso Deus e a autoridade do seu Cristo, pois foi expulso o acusador de nossos irmãos, o mesmo que os acusa de dia e de noite, diante do nosso Deus. Eles, pois, o venceram por causa do sangue do Cordeiro e por causa da palavra do testemunho que deram e, mesmo em face da morte, não amaram a própria vida. Por isso, festejai, ó céus, e vós, os que neles habitais. Ai da terra e do mar, pois o diabo desceu até vós, cheio de grande cólera, sabendo que pouco tempo lhe resta.

Quando, pois, o dragão se viu atirado para a terra, perseguiu a mulher que dera à luz o filho varão; e foram dadas à mulher as duas asas da grande águia, para que voasse até ao deserto, ao seu lugar, aí onde é sustentada durante um tempo, tempos e metade de um tempo, fora da vista da serpente. Então, a serpente arrojou da sua boca, atrás da mulher, água como um rio, a fim de fazer com que ela fosse arrebatada pelo rio. A terra, porém, socorreu a mulher; e a terra abriu a boca e engoliu o rio que o dragão tinha arrojado de sua boca. Irou-se o dragão contra a mulher e foi pelejar com os restantes da sua descendência, os que guardam os mandamentos de Deus e têm o testemunho de Jesus.

Assim são traçados os detalhes da batalha espiritual. Mas quem são essas pessoas? "O dragão e seus anjos", "Miguel e os seus anjos", uma mulher e seu filho? Quem representam? O simbolismo não é difícil de interpretar. Esta narrativa se harmoniza perfeitamente com tudo o que a Escritura ensina sobre a história do universo.

O grande dragão vermelho é identificado no verso 9: é Satanás. Suas sete cabeças e dez chifres correspondem a outros elementos apresentados no livro de Apocalipse e o caracterizam como o principal líder de toda atividade anticristã.

O versículo 4 fala de sua cauda arrastando um terço das estrelas do céu. Isso também é interpretado no versículo 9. As estrelas se referem a anjos caídos; evidentemente anjos que se juntaram à rebelião de Lúcifer contra Deus e que foram lançados para fora do céu. Nós os conhecemos como demônios.

Note-se que do lado de Satanás está um terço do número total dos anjos. Em outro lugar na Escritura (Judas 6), aprendemos que alguns dos anjos caídos estão presos em cadeias eternas. Assim, uma parte da força satânica é subtraída de seu um terço original.

Dois terços dos anjos não foram expulsos do céu. Estes anjos santos estão aliados a Miguel, o arcanjo, o chefe das hostes de Deus. Não somos informados sobre o número total destes anjos, mas deve ser muito, muito grande. Apocalipse 5.11 diz que há "milhões de milhões" de anjos ao redor do trono de Deus. O texto grego usa um termo para o maior número que a língua grega podia expressar — dez mil. "Milhões de milhões" seria então o resultado da multiplicação de dez mil por dez mil diversas vezes; quer dizer um número maior que milhões, talvez maior que bilhões. De fato, um número tão elevado que é difícil expressar.

Se isso mostra quantos anjos santos existem, o número de anjos caídos é menor do que a metade do número de anjos santos. Ainda assim, os anjos caídos são muitíssimos.

Miguel, o chefe e líder dos anjos santos, é mencionado três vezes nas Escrituras: aqui, em Judas 9 e no livro de Daniel. Ele é um arcanjo, um tipo de superanjo; o mais poderoso dos anjos de Deus e o comandante das hostes celestes.

A mulher no versículo 4 é Israel. Seu filho é o Messias: Ele "há de reger todas as nações com cetro de ferro. E o seu filho foi arrebatado para Deus até ao seu trono" (v.5). Esta mulher não é Maria, a mãe de nosso Senhor, porque na visão de João a mulher "fugiu para o deserto, onde lhe havia Deus preparado lugar para que nele a sustentem durante mil duzentos e sessenta dias" (v.6). Isso descreve a nação de Israel, que será severamente perseguida na Grande Tribulação.

Os Alvos de Satanás

Quem são os alvos da ira do dragão? O principal é o filho da mulher: "O dragão se deteve em frente da mulher que estava para dar à luz, a fim de lhe devorar o filho quando nascesse" (v.4). Esse é Jesus Cristo. O Antigo Testamento registra uma série de maneiras como Satanás tentou, sem sucesso, destruir a linha messiânica, para que Cristo não viesse a nascer. Por ocasião do nascimento do Salvador, Herodes baixou um decreto para encontrar a Criança e matá-la. Esta foi uma trama satânica. Ela não funcionou, então o diabo tentou vencer Jesus no deserto (Mt. 4.1-11; Lc. 4.1-13). Na cruz, o dragão poderia pensar que finalmente tinha destruído o Filho da mulher, mas Cristo ressuscitou gloriosamente dos mortos. Após quarenta dias, Ele subiu ao céu, como Apocalipse 12.5 afirma: "E o seu filho foi arrebatado para Deus até ao seu trono".

Com isso o dragão voltou sua atenção a um segundo alvo: Israel. Novamente, no Antigo Testamento há muitos relatos que descrevem os esforços mal sucedidos de Satanás para destruir Israel. A história de Israel desde o ano 70 d.C. é uma crônica de perseguição e holocausto. Os poderes das trevas têm tentado furiosamente aniquilá-la, sabendo que a nação de Israel é crucial para o eterno plano de Deus, por causa da aliança que Ele fez com Abraão. O grande extermínio de judeus, sob o regime de Hitler, foi apenas a mais recente perseguição, dentre muitas sofridas pelo povo judeu através dos séculos.

O dragão tem um terceiro alvo: os santos anjos. O versículo 7 diz: "Houve peleja no céu. Miguel e os seus anjos pelejaram contra o dragão. Também pelejaram o dragão e seus anjos". O alvo de Satanás é impedir a obra de Cristo. Uma vez que os anjos são espíritos ministradores, que servem ao Senhor (Hb. 1.14), as forças demoníacas os atacam (ver Dn. 10.13). Mas é óbvio que, assim como fracassaram em destruir a Cristo, os demônios nunca poderiam impedir totalmente a obra de Cristo. Mas, com uma paixão infernal, eles odeiam a Cristo e a tudo que Ele representa. Portanto, se opõem aos agentes de Cristo.

Isso é guerra séria. Aprendemos da Escritura que os anjos enfrentam a Satanás com um certo respeito. Judas nos diz que, quando Moisés morreu, Satanás e Miguel contenderam pelo corpo de Moisés. O que Satanás queria com o corpo de Moisés? Quem sabe? Talvez ele planejasse inventar uma mentira que faria as pessoas pensarem que Moisés ainda estava vivo; talvez planejasse colocar uma mensagem satânica nos lábios de Moisés. Mas Deus não permitiria que tal coisa acontecesse. Ele mandou Miguel para lidar com Satanás.

Judas 9 nos diz: "Contudo, o arcanjo Miguel, quando contendia com o diabo e disputava a respeito do corpo de Moisés, não se atreveu a proferir juízo infamatório contra ele; pelo contrário, disse: O Senhor te repreenda!" Até mesmo o mais poderoso de todos os anjos santos não teve a presunção de falar repreendendo

Satanás. Por quê? Porque sabia que sua suficiência estava em Deus. Miguel não era o senhor de Satanás; então, disse: "O Senhor te repreenda!" Observe também que a batalha descrita em Apocalipse 12 transcende a esfera dos seres humanos. Não há limitações de tempo ou de espaço na visão do apóstolo João. Sua arena é em outra dimensão. Esta batalha tem lugar em um nível cósmico que, enquanto certamente não exclui o mundo da humanidade, está muito além de nossa capacidade de entender.

O Papel do Crente na Batalha

Apocalipse 12 menciona participantes humanos na grande batalha cósmica. Eles aparecem no versículo 10, quando uma alta voz, no céu, brada: "Agora, veio a salvação, o poder, o reino do nosso Deus e a autoridade do seu Cristo, pois foi expulso o acusador de nossos irmãos, o mesmo que os acusa de dia e de noite, diante do nosso Deus". Os "irmãos", neste texto, são os crentes, pois o versículo seguinte diz: "Eles, pois, o venceram por causa do sangue do Cordeiro e por causa da palavra do testemunho que deram e, mesmo em face da morte, não amaram a própria vida".

Em todo o Novo Testamento, vemos exemplos de ataques demoníacos contra os cristãos. Agora, isto poderá surpreendê-lo, se você tiver sido influenciado por aqueles que promovem a prática de falar com os demônios, "amarrá-los", dar-lhes ordens e assim por diante; mas aqueles que foram mais eficazes no serviço do Senhor sempre estiveram sujeitos aos mais persistentes ataques de Satanás. Paulo, por exemplo, escreveu, em 2 Coríntios 12.7-9:

> *E, para que não me ensoberbecesse com a grandeza das revelações, foi-me posto um espinho na carne, mensageiro de Satanás, para me esbofetear, a fim de que não me exalte. Por causa disto, três vezes pedi ao Senhor que o afastasse de mim. Então, ele me disse: A minha graça te basta, porque o poder se aperfeiçoa na*

fraqueza. De boa vontade, pois, mais me gloriarei nas fraquezas, para que sobre mim repouse o poder de Cristo.

Esta é uma passagem fascinante por várias razões. Primeiro, observe que a palavra grega traduzida por "espinho" não se refere a um pequeno espinho que fere seu dedo; refere-se a uma estaca. Paulo mostra que ela penetrou o seu corpo a fim de afligi-lo. Esta é figura angustiante e dolorosa!

Note também que o apóstolo não repreendeu o mensageiro de Satanás, não o amarrou, nem lhe deu ordem para que, em nome de Jesus, fizesse qualquer outra coisa. Paulo nem mesmo falou com ele! Ele não usou nenhum dos métodos defendidos por aqueles do atual movimento da batalha espiritual. Ele orou ao Senhor!

Além disso, ele não conseguiu a resposta que desejava. Embora fosse um apóstolo, evidentemente não sentiu que tinha autoridade espiritual para "declarar" vitória, ou cura, ou ordenar a Satanás que fizesse o que ele, Paulo, queria. Simplesmente confiou no Senhor e suportou o espinho satânico em sua carne, sabendo que os propósitos de Deus são sempre justos. Examinaremos este texto monumental com mais detalhes no próximo capítulo.

1 Tessalonicenses 2.17-18 relata outro incidente onde Paulo foi frustrado por Satanás. Ali Paulo declara: "Nós, irmãos, orfanados, por breve tempo, de vossa presença, não, porém, do coração, com tanto mais empenho diligenciamos, com grande desejo, ir ver-vos pessoalmente. Por isso, quisemos ir até vós (pelo menos eu, Paulo, não somente uma vez, mas duas); contudo, Satanás nos barrou o caminho". Paulo, o apóstolo, não pôde superar o obstáculo, qualquer que tenha sido, que Satanás usou para impedi-lo de visitar os tessalonicenses. Nesta ocasião, pelo menos, Paulo não pôde amarrar Satanás, derrubá-lo, destruir suas fortalezas, construir uma barreira para detê-lo ou, de outra forma, anular seus esforços.

Se o apóstolo não teve esse poder, é pura loucura as pessoas hoje reivindicarem que têm-no. Paulo não pôde repreender a Satanás. Miguel, o arcanjo, não repreendeu a Satanás. Zacarias nos diz que, em uma contenda no Antigo Testamento, até o próprio Cristo pré-encarnado não repreendeu a Satanás diretamente.
Lemos a este respeito em Zacarias 3.1-2:

> Deus me mostrou o sumo sacerdote Josué, o qual estava diante do Anjo do SENHOR, e Satanás estava à mão direita dele, para se lhe opor. Mas o SENHOR [em sua forma pré-encarnada] disse a Satanás: O SENHOR te repreende, ó Satanás; sim, o SENHOR, que escolheu a Jerusalém, te repreende; não é este um tição tirado do fogo?

Aqui está um quadro vétero-testamentário da batalha espiritual: Josué, o piedoso sumo sacerdote; Cristo, em uma manifestação pré-encarnada; e Satanás, pronto para acusar o sumo sacerdote. Quando o Senhor fala a Satanás, suas palavras são semelhantes às que Judas atribuiu a Miguel, o arcanjo: "O SENHOR te repreende, ó Satanás!" Ele acrescenta: "Sim, o SENHOR, que escolheu a Jerusalém, te repreende".

Como é que esse quadro bíblico se encaixa no ensino daqueles que hoje ensinam que os crentes devem repreender a Satanás? A verdade é que estas pessoas não têm idéia do que estão fazendo. Todas as suas palavras contra o diabo não surtem qualquer efeito. Não podemos repreender Satanás. Podemos clamar a Deus e pedir-Lhe que repreenda o diabo. Mas não podemos dizer: "Satanás, eu te repreendo!" Porventura ele dirá: "Oh! eu fui repreendido"? Pensamos que podemos simplesmente falar: "Eu te amarro, Satanás!", e esperar que ele responda: "Opa, isso é o fim"? Se eu tivesse esse tipo de autoridade sobre o adversário, eu o silenciaria permanentemente e poria um fim à sua interferência diabólica para sempre!

Você pode perceber a loucura de tal pensamento? É um absurdo pensar que podemos dar ordens a Satanás. Só há Um que pode. Se até mesmo o apóstolo Paulo foi impedido por Satanás e seu mensageiro com um espinho, quem somos nós para pensar que podemos falar com o diabo e esperar que ele nos obedeça? Se Paulo precisou confiar que Deus mesmo cuidaria de Satanás, que ousadia temos nós para pensar que podemos nos envolver diretamente na luta e vencê-la?

A Estratégia de Satanás

É necessário que entendamos a estratégia de Satanás. Um de seus principais objetivos é cegar os que não são crentes. 2 Coríntios 4.3-4 diz: "Mas, se o nosso evangelho ainda está encoberto, é para os que se perdem que está encoberto, nos quais o deus deste século cegou o entendimento dos incrédulos, para que lhes não resplandeça a luz do evangelho da glória de Cristo, o qual é a imagem de Deus". O "deus deste século" refere-se a Satanás. Ele quer cegar os que não são crentes através da ignorância, descrença, falsa religião, amor ao pecado, satisfação carnal ou qualquer outro meio que ele possa usar.

Em segundo lugar, sua estratégia é tentar os crentes. Assim como tentou a Cristo três vezes, ele usa todos os seus artifícios e sutileza para tentar os eleitos. Mas, por favor, entenda, toda vez que somos tentados, isso não é necessariamente uma obra do diabo. Tiago afirma: "cada um é tentado pela sua própria cobiça, quando esta o atrai e seduz. Então, a cobiça, depois de haver concebido, dá à luz o pecado; e o pecado, uma vez consumado, gera a morte" (Tg. 1.14-15). Ele diz mais: "De onde procedem guerras e contendas que há entre vós?" Do diabo? Não! "De onde, senão dos prazeres que militam na vossa carne? Cobiçais e nada tendes; matais, e invejais; e nada podeis obter; viveis a lutar e a fazer guerras" (Tg. 4.1-2). Somos perfeitamente capazes de cair em tentação sem qualquer ajuda do diabo.

Satanás, entretanto, criou no próprio sistema deste mundo todos os meios necessários para tirar o máximo proveito da tentação. Como "o deus deste século" (2 Co. 4.4), ele comanda o mundo e mantém com eficiência o sinistro mecanismo deste mundo. Às vezes, ele próprio tenta as pessoas? Sim. Ananias e Safira são exemplos disso na igreja primitiva. Pedro disse: "Ananias, por que encheu Satanás teu coração, para que mentisses ao Espírito Santo...?" (At. 5.3).

Satanás usa tudo que há no mundo, "a concupiscência da carne, a concupiscência dos olhos e a soberba da vida" (1 Jo. 2.16) como instrumento de sua tentação. Visto que não somos apóstolos, que receberam revelação divina, tal como Pedro, de que maneira podemos saber se a tentação procede de Satanás mesmo, se de um demônio ou se simplesmente está surgindo de nosso próprio desejo carnal? Não podemos saber. Mas, isso de fato importa? Não. Nossa resposta é a mesma em qualquer caso: resista.

A estratégia de Satanás também inclui o acusar os crentes. Apocalipse 12.10 se refere a ele como "o acusador de nossos irmãos", declarando que ele "os acusa de dia e de noite, diante do nosso Deus". Na visão de Zacarias a respeito de Josué, o sumo sacerdote, "estava diante do Anjo do SENHOR, e Satanás estava à mão direita dele, para *se lhe opor*" (Zc. 3.1, ênfase minha). Satanás faz o que pode para tentar os crentes e, depois, procura acusá-los diante de Deus.

O Propósito Soberano de Deus

Por que Deus permite que o diabo, um inimigo já derrotado, continue a perturbar os crentes? A Escritura não procura responder essa pergunta, apenas nos assegura que os propósitos de Deus são sempre justos, santos, bons e, por fim, benéficos a nós. Freqüentemente Deus se utiliza das atividades de Satanás para alcançar esses propósitos.

Você já percebeu que, às vezes, Deus manda Satanás fazer a obra do Senhor? É verdade. Paulo escreveu acerca do propósito de Deus para o mensageiro de Satanás que o perturbava com o espinho na carne: "Para que não me ensoberbecesse" (2 Co. 12.7). Paulo entendeu que Deus estava usando um mensageiro de Satanás para quebrantar seu coração, e isto resultaria em glória para Deus.

Certamente esta é outra razão pela qual é tão ridículo tentar controlar o diabo; se pudéssemos lançá-lo fora em qualquer ocasião que quiséssemos, poderíamos frustrar o plano divino.

Jó, talvez o mais antigo de todos os livros na Bíblia, é o estudo clássico, no Velho Testamento, sobre como Deus usa os perversos esforços de Satanás para cumprir os propósitos divinos. Na terra, ninguém havia semelhante a Jó; Deus mesmo testificou isso ao declarar: "Observaste meu servo Jó? ...Ele era um "homem íntegro e reto, temente a Deus e que se desvia do mal" (Jó 1.8). Deus permitiu que Satanás fizesse com Jó coisas difíceis para nós compreendermos. Deu a Satanás permissão para destruir todos os bens, a família e a saúde de Jó; enfim, tudo, contanto que preservasse a vida dele (Jó 2.6).

Você conhece a história. Jó perdeu tudo. Seus filhos foram mortos; ele sofreu uma doença dolorosa e humilhante; lutou com a dúvida, a depressão, o desânimo e a extrema frustração. Teve de suportar conselheiros tolos e seus maus conselhos. Pior ainda, durante toda a provação, ele não sabia por que estava sofrendo. Não entendia coisa alguma do drama que estava se desenrolando no céu.

Ainda que soubesse, provavelmente teria questionado se Deus estava de fato do seu lado. Por que Deus permitiu a Satanás fazer tais coisas a Jó? A Escritura não nos apresenta as razões, mas podemos discernir algumas. Primeira: Deus, para exaltar sua própria glória diante dos anjos, quis mostrar a Satanás a grande segurança da salvação. Não havia coisa alguma que os poderes do inferno pudessem fazer para subverter o caráter, a confiança ou a fé deste homem, a quem Deus redimira e tornara justo. Segunda: Deus queria fortalecer Jó. Leia o capítulo final da vida de Jó e verá que ele, ao sair de seu sofrimento, se tornou ainda mais forte, mais puro, mais humilde e mais reto do que antes.

A história de Jó destrói a noção de que podemos evitar os ataques de Satanás, se formos suficientemente fortes, ou suficientemente hábeis, ou treinados em guerrear contra Satanás. Ninguém era espiritualmente mais capaz do que Jó. No entanto, Deus permitiu que Satanás o arruinasse; e Jó nada pôde fazer sobre isso. Jó finalmente prevaleceu face ao implacável ataque de Satanás; não porque ele encontrou alguma forma secreta de derrotar o diabo, não porque o repreendeu e ordenou que desistisse, mas porque Deus estava no controle o tempo todo. Ele sabia quanto Jó suportaria e não permitiria que Satanás passasse dos limites (1 Co. 10.13). Quando Satanás alcançou aquele limite, Deus o parou e seus ataques terminaram.

Pedro também foi pessoalmente atacado por Satanás, sob a permissão de Deus. Na noite que antecedeu a crucificação, o Senhor avisou Pedro: "Simão, Simão, eis que Satanás vos reclamou para vos peneirar como trigo!" (Lc. 22.31). Note outra vez que Satanás precisou pedir permissão para atacar um membro do povo de Deus. Satanás nada pode fazer a um filho de Deus, a menos que Deus o consinta.

Evidentemente Jesus permitiu que Satanás peneirasse o apóstolo Pedro, porque foi exatamente isso o que aconteceu. O diabo testou Pedro de modo extremo, provando se ele era trigo ou joio. E, embora Pedro *parecesse* com joio por um momento, ele provou ser trigo. Sua fé não falhou. Jesus, é claro, sabia que ela não falharia. Ele disse a Pedro : "Eu, porém, roguei por ti, para que a tua fé não desfaleça" (v.32).

Por que o Senhor deixou Satanás cirandar o apóstolo? Em parte porque Ele queria mostrar novamente o inquebrantável poder da fé salvífica, trazendo glória para Si mesmo. Pedro também precisava ser capaz de fortalecer outras pessoas que enfrentariam semelhantes provações. No versículo 32 o Senhor disse a Pedro: "Quando te converteres, fortalece os teus irmãos". E Pedro saiu de sua provação mais forte e mais sábio do que antes, equipado para liderar a igreja. Aprendeu algumas lições indispensáveis por meio de sua tribulação.

É evidente, pois, que os crentes não estão imunes à oposição de Satanás; nem é o plano de Deus que estejamos sempre livres de toda situação má. Em Apocalipse 2.10, Cristo alertou a igreja em Esmirna, uma igreja santa que estava sofrendo terrível perseguição: "Não temas as coisas que tens de sofrer. Eis que o diabo está para lançar em prisão alguns dentre vós, para serdes postos à prova, e tereis tribulação de dez dias. Sê fiel até à morte, e dar-te-ei a coroa da vida".

Por que o Senhor simplesmente não repreendeu o diabo e livrou da perseguição os crentes em Esmirna? Porque, ao contrário do que muitos ensinam hoje, o Senhor não promete saúde, riqueza e prosperidade. Embora nos assegure da vitória final, Ele não garante que Satanás nunca nos atacará.

Nem sempre sabemos por que Deus permite que Satanás nos teste e nos persiga, mas podemos descansar na certeza de que "todas as coisas cooperam para o bem daqueles que amam a Deus, daqueles que são chamados segundo o seu propósito" (Rm. 8.28). Note isto: Satanás e seus demônios nunca, nunca agem contra a igreja sem a permissão de Deus. E, quando Deus lhes dá permissão, sempre usa o trabalho de Satanás para realizar algum propósito divino. Freqüentemente, para exaltar o seu poder e provar a devoção de seus seguidores, Deus permite que os mais fiéis de seus servos sejam atacados por Satanás.

"Entregue a Satanás"

Os propósitos de Deus nem sempre têm uma conotação positiva. Às vezes, Ele usa Satanás como um instrumento de juízo, a fim de punir pessoas que são desobedientes e pecadoras. Isso também se harmoniza com os santos propósitos de Deus. A Escritura nos oferece vários exemplos claros desta verdade. Um dos mais antigos é o do rei Saul.

Quando Samuel ungiu a Davi como rei de Israel, para substituir o desobediente e voluntarioso Saul, a Escritura nos diz: "Tendo-se retirado de Saul o Espírito do SENHOR, da parte deste um espírito maligno o atormentava" (1 Sm. 16.14). Os servos de Saul lhe disseram: "Eis que, agora, um espírito maligno, enviado de Deus, te atormenta" (v.15). Eles sabiam que, se Saul estava sendo tentado por um demônio, aquilo estava acontecendo porque Deus o estava permitindo.

Saul se expusera à influência demoníaca por causa de sua voluntariosa persistência em pecar. Invadira o ofício sacerdotal; havia repetidamente agido com orgulho e rebeldia, zombando assim de tudo o que Israel representava. Portanto, Deus o substituiu por um rei que Ele mesmo escolhera e permitiu que espíritos maus aterrorizassem a Saul. Daquele ponto em diante, Saul afundou-se cada vez mais no pecado. Tomou más decisões, desprezou a autoridade de Samuel e se tornou um homem orgulhoso, irado e invejoso. Seu estilo de governo foi ditatorial e tentou repetidamente matar Davi. Envolveu-se em ocultismo, cometeu genocídio e enlouqueceu. No final, suicidou-se.

Saul deu ocasião à invasão demoníaca, e Deus permitiu que ela acontecesse. Qual era o propósito de Deus? Castigo; punição.

Judas também foi atormentado pelo diabo como uma condenação por seu pecado. Ele foi literalmente possuído por Satanás na noite em que traiu o Salvador (Lc. 22.3; Jo. 13.27). Ele cometeu o pecado mais repugnante na história da humanidade, depois saiu e se enforcou.

Deus usa Satanás até para julgar as pessoas na igreja. Paulo escreveu para repreender os coríntios, pois um homem na igreja estava vivendo com a esposa de seu pai. Tal relacionamento incestuoso e chocante precisava ser tratado. O que Paulo fez? Ordenou aos coríntios: "Que o autor de tal infâmia seja... entregue a Satanás para a destruição da carne, a fim de que o espírito seja salvo no Dia do Senhor [Jesus]" (1 Co. 5.3, 5). Este homem pode ter sido um crente cujo espírito seria salvo, mas cuja carne seria destruída; ou poderia ter sido um incrédulo. Até Paulo parecia incerto, pois referiu-se a ele como alguém que se dizia "irmão" (v.11). De qualquer forma, a destruição de sua carne deveria ser realizada por Satanás, mas foi o juízo de Deus sobre aquele homem.

Paulo, usando uma terminologia semelhante, escreveu a Timóteo: "Este é o dever de que te encarrego, ó filho Timóteo, segundo as profecias de que antecipadamente foste objeto: combate, firmado nelas, o bom combate, mantendo fé e boa consciência, porquanto alguns, tendo rejeitado a boa consciência, vieram a naufragar na fé. E dentre esses se contam Himeneu e Alexandre, os quais entreguei a Satanás, para serem castigados, a fim de não mais blasfemarem" (1 Tm. 1.18-20). Himeneu e Alexandre podem ter sido dois dos pastores da igreja de Éfeso. De alguma maneira, falharam em manter a verdadeira fé e uma consciência limpa; entraram em erro doutrinário e em falta de santidade. Portanto, Paulo os entregou a Satanás para que aprendessem a não blasfemar.

Não sabemos o que aconteceu subseqüentemente. Não temos qualquer idéia sobre a intensidade do castigo deles. Pode tê-los levado à morte; ou simplesmente pode ter sido uma doença grave, uma aflição, uma opressão demoníaca ou qualquer outro mal. O que quer que tenha sido, foi Satanás que o fez; ele estava cumprindo o perfeito plano de Deus.

Como Podemos Lutar Contra o Diabo?

É claro que os crentes estão em intenso conflito espiritual com as forças do mal. Como *podemos* lutar contra o inimigo? Se não temos nem autoridade nem conhecimento para dar ordens a Satanás, confiná-lo ao abismo ou mesmo repreendê-lo e sujeitá-lo, o que faremos?

Eis uma passagem-chave: "Porque, embora andando na carne, não militamos segundo a carne. Porque as armas da nossa milícia não são carnais, e sim poderosas em Deus, para destruir fortalezas, anulando nós sofismas e toda altivez que se levante contra o conhecimento de Deus, e levando cativo todo pensamento à obediência de Cristo" (2 Co. 10.3-5).

Não podemos lutar no nível humano. Não há palavras ou técnicas carnais que possam vencer uma guerra espiritual. Devemos depender de um plano e de armas espirituais para a batalha. Nossa suficiência em Cristo inclui armas que são divinamente poderosas, as quais podem destruir as fortalezas do mundo dos espíritos e todos seus pensamentos altivos que se levantam contra o conhecimento de Deus. Quais são essas armas?

Elas não são frases místicas ou chavões. Não fornecem o poder de repreender ou dar ordens aos demônios. Não há coisa alguma secreta ou misteriosa a respeito destas armas. Elas não são astuciosas ou complicadas. O que são elas?

Efésios 6.13-18 é talvez o texto mais conhecido sobre as armas espirituais do cristão:

> *Portanto, tomai toda a armadura de Deus, para que possais resistir no dia mau e, depois de terdes vencido tudo, permanecer inabaláveis. Estai, pois, firmes, cingindo-vos com a verdade e vestindo-vos da couraça da justiça. Calçai os pés com a preparação do evangelho da paz; embraçando sempre o escudo da fé, com o qual podereis apagar todos os dardos inflamados do Maligno. Tomai também o capacete da salvação e a espada do Espírito, que é a palavra de Deus; com toda oração e súplica, orando em todo tempo no Espírito.*

Não farei uma análise detalhada dessa passagem, pois já a expliquei inteiramente em outro lugar.² Mas, observe cuidadosamente a natureza deste arsenal. Todas as peças da armadura são instrumentos espirituais: a verdade, a justiça, a fé, o evangelho, a Palavra de Deus e a oração. Não são fórmulas ocultas, são simplesmente os bens que cada crente herda em Cristo.

Como podemos usar estas armas? Técnica não é a questão aqui, mas sim o caráter pessoal. Veja mais uma vez 1 Timóteo 1.18-19: "Ó filho Timóteo... combate... o bom combate, *mantendo fé e boa consciência*" (ênfase minha). Isso nos fornece alguma luz sobre como devemos combater o diabo. Em vez de sair à procura de demônios, tentando descobrir-lhes os nomes e exorcizá-los, Paulo disse a Timóteo para se concentrar em guardar a fé (sã doutrina) e uma consciência limpa (vida reta para que a consciência não tenha de que nos acusar).

Em 2 Timóteo 2.3-4, Paulo escreveu: "Participa dos meus sofrimentos como bom soldado de Cristo Jesus. Nenhum soldado em serviço se envolve em negócios desta vida, porque o seu objetivo é satisfazer àquele que o arregimentou". Temos aqui outro princípio crucial para o sucesso na guerra contra os poderes das trevas: despoje-se das coisas do mundo e dedique-se a fazer a vontade do Comandante.

Você percebe o que a Escritura está ensinando? Se não usarmos e vivermos a verdade, se não crermos nela; se não tivermos a consciência limpa que resulte de uma vida santa e se não estivermos despojados das coisas do mundo, fazendo a vontade de Deus, os poderes das trevas não se importarão com o que lhes dissermos. Vencer a Satanás não é uma questão de reivindicar algum tipo de suposta autoridade sobre ele; simplesmente precisamos buscar a justiça, evitar o pecado e permanecer firmes na verdade. Satanás não pode derrotar o crente que vive dessa maneira. Por outro lado, doutrina fraca e vida pecaminosa tornarão uma pessoa vulnerável, não importa que palavras ela pronuncie contra Satanás.

1 Pedro 5.9 é o texto mais objetivo sobre este assunto. Satanás anda em derredor como um leão devorador, diz o apóstolo. O que devemos fazer? "Resisti-lhe". Como podemos fazer isso? Pedro não oferece fórmula alguma. Não diz: "Amarrai-o". Pedro não está pensando nesse tipo de resistência. Simplesmente diz: "Resisti-lhe firmes na fé". Tiago 4.7 oferece a mesma estratégia: "Sujeitai-vos, portanto, a Deus; mas resisti ao diabo, e ele fugirá de vós".

Este é um plano simples para a batalha: Sujeitai-vos a Deus e resisti ao diabo. Como? Sendo firmes na fé, dedicados à verdade, mantendo uma consciência limpa. Qual será a reação de Satanás? "Ele fugirá de vós". Essa é a única frase em todo o Novo Testamento que nos mostra como podemos ficar livres de Satanás. Não há qualquer mandamento bíblico para a prática do exorcismo. Não há uma estratégia complexa para a batalha espiritual. Na Escritura, nada há que mande o crente falar com demônios, amarrá-los, prendê-los ou fazer coisas semelhantes.

Quando foi tentado pelo diabo, Jesus não zombou dele, não o condenou, não o amarrou, não o mandou para o abismo nem agarrou em seu pescoço. Jesus simplesmente disse: "Está escrito", e citou um texto da Escritura que abordava especificamente cada tentação (Mt. 4.1-11; Lc. 4.1-13). Ele resistiu ao diabo simplesmente pelo poder e pela autoridade da Palavra de Deus. Esse foi o único meio que nosso Senhor usou para vencer Satanás. Ele resistiu e Satanás fugiu. Deve-se notar que aquele encontro foi a vontade de Deus, pois Jesus foi levado ao deserto pelo Espírito Santo (Mt. 4.1).

Você deve estar interessado em saber se há alguma ilustração, na Bíblia, de alguém expulsando demônios de um crente. As únicas pessoas que legitimamente expulsaram demônios foram Cristo e os apóstolos. Todas as pessoas possessas por demônios, com quem eles lidaram, eram incrédulas. Além disso, eles comumente expulsavam demônios totalmente à parte da vontade da pessoa incrédula. Jesus e os doze apóstolos estavam exercitando o dom de milagres.

Estavam autenticando as credenciais messiânicas e apostólicas, sem estabelecer um padrão para seguirmos.

As instruções para combatermos Satanás são apenas estas: resistir-lhe, sendo fortes na fé, com uma consciência limpa, e dedicarmo-nos à verdade e à santidade. É tão simples quanto isto: se há pecado em sua vida e você tolera o erro, então você está dando lugar a Satanás. Se você é forte na fé e resiste, ele fugirá (Tg. 4.7; 1 Jo. 2.14).

Certa noite, há vários anos, fui à igreja para tratar de uma emergência. Cheguei lá e encontrei um dos líderes da igreja lutando com uma moça que estava possessa. Ela estava demonstrando uma força sobrenatural; havia virado de cabeça para baixo uma pesada mesa de aço. Nós dois juntos fomos incapazes de segurá-la. Ela falava com vozes diferentes de sua própria voz. Eu não tinha certeza sobre o que fazer; nunca antes havia enfrentado tal coisa.

Quando cheguei, ouvi um demônio gritar: "*Ele* não! Qualquer outra pessoa, menos *ele*. Mande-o para fora! Mande-o para fora! Não o queremos aqui". Animou-me saber que os demônios reconheciam que eu não estava do lado deles.

Tentamos falar com os demônios. Ordenamo-lhes que nos dissessem seus nomes e os mandamos, em nome de Jesus, ir para o abismo. Levamos duas horas tentando expulsar aqueles demônios dela.

Quando finalmente paramos de tentar falar com os demônios e lidamos diretamente com a jovem mulher, começamos a progredir. Dissemos-lhe que precisava confessar seus pecados, e ela começou a abrir seu coração. Ela estivera envolvida em profunda imundície e estava vivendo uma vida hipócrita. Com lágrimas, confessou seus pecados e afirmou a verdade a respeito de Jesus Cristo; então, pediu que o Senhor a limpasse de todo pecado em sua vida. Em sua oração, mencionou cada pecado que lembrou ter cometido e, com um coração arrependido, orou seriamente. Após isso, ela se tornou uma mulher transformada. Pelo que sei, os demônios nunca mais a perturbaram depois daquele dia.

Como é que ela foi libertada? Não foi por meio de nenhuma cerimônia espetacular de libertação. Ela simplesmente resistiu aos demônios com a verdade e a justiça, e eles fugiram.

Não há dúvida de que o cristianismo é uma guerra espiritual contra as forças do mal. Mas as nossas armas não são carnais, não são secretas, não são tão complexas que necessitemos de um seminário para nos ensinar como usá-las; são parte da riqueza que possuímos em nosso todo-suficiente Salvador.

1. John Dart, "Evangelicals, Charismatics Prepare for Spiritual Warfare", *Los Angeles Times*, 17-2-1990, p. F16.
2. John F. MacArthur, Jr., *Ephesians* (Chicago; Moody, 1985), pp. 345-385.

Capítulo 11

Graça
Suficiente

Então, ele me disse: A minha graça te basta, porque o poder se aperfeiçoa na fraqueza. De boa vontade, pois, mais me gloriarei nas fraquezas, para que sobre mim repouse o poder de Cristo.

2 Coríntios 12.9

Durante toda a sua vida, um homem pobre quis fazer um cruzeiro. Quando era jovem, tinha visto um anúncio de um cruzeiro de luxo e, desde então, sonhara passar uma semana em um grande navio de turismo, gozando a brisa fresca e relaxando em um ambiente luxuoso. Economizou dinheiro durante anos, contando cuidadosamente seus centavos, sempre sacrificando necessidades pessoais, para que pudesse aumentar um pouco mais os seus recursos.

Finalmente ele conseguiu o suficiente para comprar uma passagem no navio. Foi a um agente de viagem, olhou os panfletos, pegou um que era especialmente atraente e comprou um bilhete com o dinheiro que havia economizado por tanto tempo. Mal podia acreditar que estava para realizar um sonho de infância.

Sabendo que não possuía recursos para comprar o tipo de comida anunciado no panfleto, o homem planejou trazer suas próprias provisões para a semana. Acostumado à moderação, após anos de vida frugal, e tendo gasto toda a sua poupança no bilhete do cruzeiro, decidiu trazer consigo um suprimento semanal de pão com creme de amendoim. Era só isso o que ele podia comprar.

Os primeiros dias do cruzeiro foram emocionantes. O homem comia os sanduíches de creme de amendoim sozinho, em seu quarto, cada manhã, e passava o resto do dia relaxando ao sol e ar fresco, maravilhado por estar a bordo.

Pelo meio da semana, entretanto, o homem começou a notar que era a única pessoa a bordo que não estava comendo as luxuosas comidas. Toda vez que sentava no convés, ou descansava no saguão, ou saía de sua cabine, parecia que um garçom passava com uma enorme refeição para alguém que solicitara o serviço de entrega na cabine.

Ao quinto dia do cruzeiro, o homem não suportava mais. Os sanduíches de creme de amendoim pareciam velhos e sem sabor. Estava desesperadamente faminto; até a brisa e o sol haviam perdido sua atratividade. Finalmente, parou um garçom e indagou: "Diga-me, como eu posso ter uma dessas refeições! Eu estou morrendo de vontade de comer alguma comida decente; farei o que disser para pagar por ela!"

"Mas... o senhor não tem uma passagem para este cruzeiro?", perguntou o garçom.

"Certamente", respondeu o homem. "Mas eu gastei tudo que tinha naquela passagem. Não me sobrou nada com que comprar comida."

"Mas, senhor", disse o garçom, "o senhor não sabia? As refeições estão incluídas na sua passagem. O senhor pode comer quanto quiser!"

Muitos cristãos vivem como aquele homem. Não sabendo das ilimitadas provisões que possuem em Cristo, comem migalhas velhas. Não há necessidade de se viver assim! Tudo que poderíamos querer ou necessitar está incluído no preço de nosso ingresso, e o Salvador já o pagou por nós!

Há uma única palavra que abrange todas as riquezas que encontramos em Cristo: *graça*. Que palavra magnífica! Ela é usada mais de 170 vezes no Novo Testamento, para referir-se ao favor divino conferido a pessoas que não o merecem. É o meio pelo qual recebemos todas as bênçãos materiais e espirituais.

Em alguma medida, até mesmo os incrédulos se beneficiam da graça de Deus. Os teólogos chamam isso de "graça comum", porque é comum a toda a humanidade. A graça comum é o constante cuidado de Deus por toda a criação, suprindo as necessidades de suas criaturas. Através da graça comum, Deus restringe a humanidade da completa devassidão e mantém a ordem e algum senso de beleza, moralidade e bondade na consciência da sociedade.

Os cristãos, entretanto, recebem "maior graça" (Tg. 4.6). Para nós a graça de Deus é inexaurível e ilimitada, incluindo tudo a respeito das provisões todo-suficientes em Jesus Cristo. Pela graça, somos salvos (Ef. 2.8) e nos mantemos firmes (Rm. 5.2). A graça sustenta a nossa salvação, dá-nos vitória na tentação e ajuda-nos a suportar o sofrimento e a dor. A graça nos ajuda a entender a Palavra e a aplicá-la com sabedoria à nossa vida; nos conduz à comunhão e à oração, capacitando-nos a servir ao Senhor eficazmente. Em suma, existimos e estamos firmes no ambiente da graça toda-suficiente.

Graça Sobre Graça

Umas das declarações mais maravilhosas sobre o Senhor é que Ele era "cheio de graça" (Jo. 1.14); e "nós temos recebido da sua plenitude e graça sobre graça" (Jo. 1.16). "Graça sobre graça" fala de graça acumulada — uma graça sobrepondo-se à outra. Tal graça é nossa a cada dia; é ilimitada e suficiente para cada necessidade. Paulo falava a este respeito como "a abundância da graça" (Rm. 5.17); "a suprema riqueza da sua graça" (Ef. 2.7) e a "superabundante graça" (2 Co. 9.14). Pedro mencionou a "multiforme" (no grego, *poikilos*, "multifacetada" ou "multicolor") graça de Deus (1 Pe. 4.10). Ele usou a mesma palavra grega, ao falar das várias provas que os crentes enfrentam (1 Pe .1.6). Este é um maravilhoso paralelo: a multifacetada graça de Deus é suficiente para as nossas múltiplas provas.

Graça Superabundante

Talvez em nenhum outro lugar a magnificência da graça é mais maravilhosamente expressa do que em 2 Coríntios 9.8-11. As ênfases neste texto são admiráveis: "Deus pode fazer-vos *abundar* em *toda* graça, a fim de que, tendo *sempre*, em *tudo*, *ampla* suficiência, *superabundeis* em *toda* boa obra... enriquecendo-vos, em *tudo*, para *toda* generosidade, a qual faz que, por nosso intermédio, sejam tributadas graças a Deus" (ênfase minha).

Em certo sentido, só esse texto já resume tudo que poderia ser dito sobre nossa suficiência em Cristo. Postos em um contexto que descreve as provisões materiais concedidas por Deus, estes versículos têm um significado que obviamente se estende a proporções ilimitadas. A graça superabundante habita todo crente (v.14). É de se admirar que Paulo não pôde reter seu louvor a Deus por tal dom indescritível (v.15)?

Graça Toda-suficiente

Paulo experimentou a graça de Deus de uma maneira que poucos experimentaram, pois suportou sofrimentos como poucos o fizeram. Em 2 Coríntios 12.9, o Senhor lhe deu uma das verdades mais profundas de toda revelação: "A minha graça te basta, porque o poder se aperfeiçoa na fraqueza". Aquela maravilhosa promessa se estende a todo crente, mas foi dada em um contexto de sérias dificuldades, aflição, perseguições e fraquezas humanas (v.10).

O texto mais carregado de emoção escrito por Paulo é provavelmente 2 Coríntios 10 a 13. Nele, Paulo derrama seu coração em meio a sérios ataques contra seu caráter e seu ministério. Ele dera tanto aos coríntios, e alguns deles estavam se virando contra ele em amarga hostilidade. Sua integridade havia sido posta em questão por seus inimigos. Sua lealdade e suas habilidades em liderar haviam sido questionadas. Seu amor pelos crentes havia sido questionado e negado. Esta foi provavelmente a maior tempestade de oposição que Paulo enfrentou em sua vida, e, aparentemente, estava sendo alimentada por líderes da igreja.

No capítulo 11, Paulo faz uma lista das muitas dificuldades e situações ameaçadoras pelas quais ele passara. Incluídas em sua lista estão grandes aflições físicas, aprisionamentos, espancamentos, apedrejamentos, naufrágios, rios perigosos, assaltantes, perseguição de gentios e judeus, noites mal dormidas, frio e calor, fome e sede (vv.23-27). Ainda mais dolorosa do que tudo isso era a preocupação diária que ele tinha com todas as igrejas (v.28). O povo de Deus e o bem-estar da igreja eram a maior paixão de Paulo (Cl. 1.28-29) e apresentavam o maior potencial para trazer-lhe dor e decepção.

A maior dor que Paulo enfrentou veio de pessoas que ele mais amava — aqueles a quem havia dado sua alma e seu evangelho, mas que agora se haviam voltado contra ele. A rejeição, a traição, o criticismo, as falsas acusações e até mesmo o ódio da parte deles machucaram profundamente o coração de Paulo. Em 2 Coríntios, ele escreveu como um homem que não era amado, apreciado, respeitado e que estava profundamente perturbado em sua alma.

Talvez você possa se identificar com a profunda mágoa de Paulo. Seres humanos foram criados para manterem relacionamentos: primeiro com Deus e, depois, com os seus semelhantes. Quando os relacionamentos falham, a conseqüência imediata pode ser gravíssima, tal como se evidencia em nossa sociedade pelo número crescente de pessoas que buscam ajuda psiquiátrica profissional, por causa de rejeição e mau trato emocional semelhante ao que Paulo experimentou. Isso torna a situação de Paulo muito prática para nós, pois a mesma dor que o magoou pode atingir qualquer crente.

As Lições da Graça

As circunstâncias aflitivas experimentadas por Paulo colocaram-no em posição de aprender algumas lições maravilhosas sobre a graça de Deus, as quais ele nos transmite em 2 Coríntios 12.7-10:

> *E, para que não me ensoberbecesse com a grandeza das revelações, foi-me posto um espinho na carne, mensageiro de Satanás, para me esbofetear, a fim de que não me exalte. Por causa disto,*

três vezes pedi ao Senhor que o afastasse de mim. Então, ele me disse: A minha graça te basta, porque o poder se aperfeiçoa na fraqueza. De boa vontade, pois, mais me gloriarei nas fraquezas, para que sobre mim repouse o poder de Cristo. Pelo que sinto prazer nas fraquezas, nas injúrias, nas necessidades, nas perseguições, nas angústias, por amor de Cristo. Porque, quando sou fraco, então, é que sou forte.

Humildade. Deus sabe que os homens estão sujeitos ao orgulho, especialmente quando estão em posições de privilégio espiritual. Portanto, Deus usa oposição e sofrimento para lhes ensinar a humildade.

Paulo foi talvez o homem espiritualmente mais privilegiado que já viveu, e a graça do Senhor em sua vida foi abundante. Em pelo menos quatro ocasiões o próprio Jesus apareceu a ele, a fim de instruí-lo e encorajá-lo em tempos de profunda necessidade (At. 9.4-6; 18.9-10; 22.17-21; 23.11; 2 Co. 12.1-4). Ele recebeu tão ampla revelação da parte de Deus que seus escritos formam quase a metade dos livros do Novo Testamento.

Por causa da natureza extraordinária destas revelações, Deus colocou um "espinho na carne" de Paulo, para guardá-lo da exaltação (2 Co. 12.7). Essa expressão poderá inspirar um quadro de uma pessoa furando o dedo com um pequeno espinho, ao colher rosas. Mas, como observamos no capítulo anterior, a palavra grega traduzida por "espinho" literalmente significa uma estaca — um pedaço de pau bem afiado usado para afligir ou torturar alguém. Além disso, a expressão "na carne" também pode ser traduzida como "para a carne", o que eu creio ser a melhor tradução aqui. Metaforicamente falando, Deus fincou uma estaca, na carne pecaminosa de Paulo, para afligi-la e matá-la, com o propósito de evitar a jactância e o orgulho.

Paulo descreveu o espinho como um "mensageiro de Satanás" (v.7). Há muitos pontos de vista diferentes sobre o que isso significa, mas se considerarmos pelo significado evidente, podemos simplificar muito a questão. Um mensageiro de Satanás é alguém a quem Satanás envia com uma mensagem; isso é bastante claro. A palavra grega traduzida por "mensageiro" é *angelos*, a qual é usada mais de 170 vezes no Novo Testamento e sempre se refere a uma pessoa — homem ou anjo. Portanto, é demasiado improvável que Paulo estivesse usando essa palavra no versículo 7 para se referir a um mal físico, como muitos comentaristas sugerem. Simplificando, o espinho a que Paulo se refere era uma pessoa. Estou convencido de que era o cabeça da oposição em Corinto, o qual estava difamando Paulo, mediante um ataque pessoal ao seu caráter e ao seu ministério, fazendo com que pessoas amadas por Paulo se virassem contra ele.

Em 2 Coríntios 11.13-15, Paulo diz que os de Corinto que se opunham ao evangelho eram "falsos apóstolos, obreiros fraudulentos, transformando-se em apóstolos de Cristo. E não é de admirar, porque o próprio Satanás se transforma em anjo de luz. Não é muito, pois, que os seus próprios ministros se transformem em ministros de justiça; e o fim deles será conforme as suas obras". Satanás tem suas forças demoníacas, mas essa passagem fala de homens (v.13) que ele envia, disfarçados como mensageiros da verdade, tentando enganar e prejudicar as pessoas através da falsa doutrina (vv. 3-4).

No caso de Paulo, esse mensageiro foi enviado para esbofeteá-lo ou atormentá-lo (2 Co. 12.7). "Esbofetear" significa "bater com o punho" ou "esmurrar". Essa palavra é usada em Mateus 26.67 e Marcos 14.65 com relação aos soldados romanos que esbofetearam a face de Jesus. Em 1 Coríntios 4.11, é usada a respeito de Paulo, quando ele diz: "Somos esbofeteados".

O argumento de Paulo é que Deus fez com que Satanás enviasse alguém para afligi-lo de forma agressiva. Como vimos no capítulo anterior, Paulo entendeu isto e até sabia a razão de tal tratamento: "Para que não me ensoberbecesse" (v.7). Assim como Ele usara Satanás para humilhar Jó e Pedro, Deus estava preparando Paulo para ser mais útil. Ao contrário de muitos conselheiros humanos, que buscam elevar a opinião da pessoa sobre si mesma, Deus nos esvazia para que tenhamos um relacionamento correto com Ele. Depois, exalta-nos de acordo com sua vontade e nos dá graça abundante (Tg. 4.6, 10).

Dependência. Freqüentemente outros crentes são canais da graça de Deus, mas somente Ele é a fonte. Temos a tendência de nos voltarmos para as pessoas a fim de solucionar nossas mágoas, mas Deus quer que, em tempos de dificuldade, busquemos primeiramente a Ele. Essa foi a reação de Paulo. Em 2 Coríntios 12.8 ele diz: "Por causa disto, três vezes pedi ao Senhor que o afastasse [o espinho na carne] de mim". Pedir é apelar a alguém. Observe que as palavras de Paulo não foram: "Por causa disto, fui ao meu terapeuta, fiz um seminário, li um livro ou repreendi a Satanás". Ele tomou o rumo que muitos hoje consideram simplista: pediu ao Senhor!

Três vezes ele rogou que Deus removesse o espinho; três vezes o Senhor disse não. Paulo orou fiel e persistentemente; no entanto, ele aprendeu que os propósitos de Deus se realizariam melhor com a resposta negativa.

Suficiência. Paulo ficou contente com a resposta de Deus, porque sabia que Deus iria suprir graça suficiente para sua provação. "Então, ele me disse: A minha graça te basta" (v.9). "Ele me disse" está no tempo perfeito no texto grego, implicando que, toda vez que Paulo orava, Deus dizia e continuava a dizer a mesma coisa. "A minha graça te basta" era sua resposta permanente. Após pedir três vezes, Paulo desistiu de pedir.

Deus respondeu a oração de Paulo, não por dar o que ele pedia, nem por remover o problema ou a dor, mas por suprir graça suficiente para que Paulo pudesse suportá-lo. Por que remover algo que gera benefícios tão imensos, tais como a humildade, a comunhão e maior glória para Deus?

Seguindo o exemplo de Paulo, podemos pedir a Deus para remover alguma estaca de sofrimento e descobrir que Deus deseja que ela permaneça. Submeter-se à vontade de Deus é a pedra fundamental da vida cristã. Problemas, tentações e dor são inevitáveis nesta vida. Mas lembre-se que Deus usa essas coisas para produzir os preciosos frutos da humildade, comunhão e glória. Ele poderá não removê-los, mas promete graça suficiente para nos capacitar a suportá-los com alegria.

Poder. O sofrimento que revela as nossas fraquezas serve também para revelar o poder de Deus: "Porque o poder se aperfeiçoa na fraqueza" (v.9). Quando somos menos dependentes de nossa força humana e temos apenas o poder de Deus para nos sustentar, então somos canais adequados pelos quais Deus faz fluir seu poder. Desta forma, devemos louvar a Deus pela adversidade, pois ela é a ocasião em que o poder de Deus é mais evidente em nossa vida. Não existe alguém tão fraco que não possa tornar-se forte, mas existem muitos que achando-se fortes continuarão fracos.

Paulo compreendeu esta verdade. Sua atitude foi de gozo e louvor. No versículo 9, ele diz: "De boa vontade, pois, mais me gloriarei nas fraquezas, para que sobre mim repouse o poder de Cristo". Ele não era um masoquista. Não adorava ser maltratado, mas amava a graça e o poder de Deus manifestados nele. Sabia que um ministério espiritual só pode ser realizado no poder do Espírito. Quando sua reputação acabasse, Paulo não poderia depender dela. Quando sua força física se esgotasse, não poderia se amparar nela. Ficou limitado a pregar a mensagem que Deus lhe havia confiado e a depender do poder de Deus para fazer o resto, e Deus nunca falhou com ele.

Contentamento. Paulo nos dá um princípio-chave no versículo 10: "Pelo que sinto prazer nas fraquezas, nas injúrias, nas necessidades, nas perseguições, nas angústias, por amor de Cristo. Porque, quando sou fraco, então, é que sou forte". Paulo aceitou o seu problema mais grave como um amigo destinado a torná-lo mais útil para Deus.

Nossa Suficiência em Cristo

Sua atitude demonstra um grande contraste com a atitude de nossa sociedade! A maioria das pessoas vive descontente, porque erroneamente pensam que a felicidade consiste em gozar de circunstâncias agradáveis e em possuir muitos bens. Muitos cristãos parecem pensar que guardar os crentes de todas as dificuldades é a maior expressão da graça de Deus. O chamado evangelho da prosperidade — resultado da filosofia dessa nossa sociedade auto--centralizada e sem Deus — é a maior contribuição para esse erro.

Em relação a isso, Michael Horton escreveu:

É próprio que o evangelho da prosperidade nasça no meio hedonista, auto-centrado e "enriqueça-rápido" da sociedade moderna. Somos pagãos por natureza. Ou nossa religião nos transformará ou transformaremos nossa religião a fim de que ela satisfaça os nossos caprichos...

A Bíblia da prosperidade não trata apenas da questão de sermos libertos das enfermidades. Ela nos faz ler: "Ele mesmo carregou nossas enfermidades e pobreza sobre seu corpo, no madeiro, para que pudéssemos morrer para a enfermidade e a carência, pois por suas feridas fostes sarados". Em contraste, os apóstolos não tiveram dúvida de que o evangelho prometia riquezas espirituais nos lugares celestiais em Cristo (Ef. 1.3), não riquezas terrenas. Nosso Senhor foi ferido para que pudéssemos ser curados. Mas isto é uma metáfora para a maravilhosa verdade de que o castigo que, com justiça, cabia a nós foi, em vez disso, suportado por Cristo, nosso substituto. A vara da justiça, que desferiu golpes tão amargos sobre o Cordeiro de Deus, declarou-nos justos!

Tornamos extremamente trivial a obra de Cristo quando sugerimos que o Pai enviou seu Filho unigênito ao mundo para suportar as blasfêmias, os insultos e a violência do mundo, e, acima de tudo, a ira do Pai — tudo isto para que tenhamos mais fluxo de caixa e nenhuma crise de asma. Isto é fazer piada do enorme desprazer, ira e furor de Deus contra o pecado e os pecadores. O verdadeiro problema de Deus, ensinam os professores do evangelho da prosperidade, não é que sejamos ímpios, egoístas, rebeldes que odeiam a Deus e que merecem a eterna condenação, mas é que não estamos gozando a vida![1] *(Ênfase no original.)*

Esse tipo de pensamento gera pobreza espiritual, deprecia a graça de Deus e substitui as verdadeiras riquezas espirituais por ganância e desilusão. Tal pensamento leva as pessoas a sentirem-se abandonadas por Deus e a questionarem sua fé, quando as dificuldades vêm. Esse pensamento questiona a integridade de Jesus, pois Ele afirmou que um discípulo não está acima de seu mestre ou o servo acima de seu senhor (Mt. 10.24); questiona também a integridade de Pedro, pois este disse que fomos chamados para sofrer, uma vez que Jesus sofreu por nós e deixou o exemplo para seguirmos (1 Pe. 2.21); e a de Paulo, que ensinou que todos os crentes experimentarão perseguição (2 Tm. 3.12); e a de Tiago, ao dizer que as provações produzem maturidade espiritual (Tg. 1.2-4).

O apóstolo instruiu aos colossenses: "A fim de viverdes de modo digno do Senhor, para o seu inteiro agrado, frutificando em toda boa obra e crescendo no pleno conhecimento de Deus; sendo fortalecidos com todo o poder, segundo a força da sua glória, em toda a perseverança e longanimidade; com alegria, dando graças ao Pai, que vos fez idôneos à parte que vos cabe da herança dos santos na luz" (Cl. 1.10-12). "Fortalecidos com todo o poder"! Para quê? Saúde, riqueza, prosperidade, curas, milagres, sinais e maravilhas? Não. Para obterem "toda a perseverança e longanimidade" — coisas necessárias em tempos de dificuldades. Isto não é uma promessa de vivermos sem problemas; é uma promessa de recebermos poder para suportar as dificuldades que são inevitáveis. Como vamos suportá-las? "Com alegria, dando graças ao Pai", por possuirmos uma herança eterna e não por riquezas temporais.

Graça em Meio a Tribulações

Deus sempre usou o sofrimento para aperfeiçoar e purificar o seu povo e para demonstrar a suficiência da sua graça. Quando não confiamos na soberania de Deus ou não entendemos seus propósitos, então experimentamos preocupação, medo e ansiedade, ao passarmos por circunstâncias difíceis. Mas o sofrimento traz enormes benefícios.

O sofrimento prova a nossa fé. Pedro usou a analogia de um ourives para ilustrar este benefício do sofrimento. Assim como um ourives usa o fogo para retirar a impureza do ouro, assim Deus usa as provações para autenticar e purificar a nossa fé:

> *Nisso exultais, embora, no presente, por breve tempo, se necessário, sejais contristados por várias provações, para que, uma vez confirmado o valor da vossa fé, muito mais preciosa do que o ouro perecível, mesmo apurado por fogo, redunde em louvor, glória e honra na revelação de Jesus Cristo (1 Pe. 1.6-7).*

Estes versículos nos mostram que as provações são temporárias ("por breve tempo"); trazem angústia tanto física como mental ("sejais contristados") e vêm sob muitas formas ("por várias provações"). Mas, elas não precisam diminuir nosso gozo ("nisso exultais").

"Fogo" simboliza provações, "ouro" simboliza nossa fé, e "valor" é o produto final do processo de purificação — o metal testado, puro. Uma fé provada é preciosa porque nos dá o gozo e a certeza de sabermos que somos cristãos genuínos.

O sofrimento confirma a nossa filiação. Mesmo quando nosso sofrimento é resultado da correção proveniente de Deus, podemos nos regozijar, pois isso prova que Ele nos ama. Hebreus 12.5-8 diz:

> *Filho meu, não menosprezes a correção que vem do Senhor, nem desmaies quando por ele és reprovado; porque o Senhor corrige a*

quem ama e açoita a todo filho a quem recebe. É para disciplina que perseverais (Deus vos trata como filhos); pois que filho há que o pai não corrige? Mas, se estais sem correção, de que todos se têm tornado participantes, logo, sois bastardos e não filhos.

O sofrimento produz perseverança. Tiago disse:

Meus irmãos, tende por motivo de toda alegria o passardes por várias provações, sabendo que a provação da vossa fé, uma vez confirmada, produz perseverança. Ora, a perseverança deve ter ação completa, para que sejais perfeitos e íntegros, em nada deficientes (Tg. 1.2-4).

Pedro afirma:

Ora, o Deus de toda a graça, que em Cristo vos chamou à sua eterna glória, depois de terdes sofrido por um pouco, ele mesmo vos há de aperfeiçoar, firmar, fortificar e fundamentar (1 Pe. 5.10).

O sofrimento nos ensina a odiar o pecado. Os salmos imprecatórios são o clamor de Davi pela vingança de Deus sobre seus inimigos. Após suportar muito sofrimento, Martinho Lutero admitiu que havia adquirido uma afeição especial por estes salmos. O sofrimento o ensinara a compartilhar do ódio de Davi pelo pecado.

Ao observar Maria, chorando pela morte de seu amado irmão Lázaro, Jesus "agitou-se no espírito e comoveu-se" (Jo. 11.33). Ele se irou com a dor e o pesar que o pecado havia infligido à família de Lázaro.

O sofrimento promove a auto-avaliação. Quando as circunstâncias são boas, é fácil louvar ao Senhor e sentir-se otimista sobre a vida em geral. Quando os problemas vêm, muitas vezes nos tornamos impacientes com Deus e questionamos sua graça e soberania. Em tais ocasiões, somos forçados a contemplar as profundezas do nosso coração e lidar com nossa falta de fé. Estes podem ser tempos preciosos de profundo crescimento e descoberta espiritual.

O sofrimento esclarece nossas prioridades. Em tempos de prosperidade, nosso coração pode ficar dividido e nossas prioridades confusas. Deus advertiu os israelitas a se guardarem contra isso, quando entrassem na Terra Prometida (Dt. 6.10-13). O sofrimento que nos sobrevêm reverte para Deus a atenção que damos ao mundo.

O sofrimento nos identifica com Cristo. Sofrer por causa do Senhor é uma marca distintiva de todos os verdadeiros crentes. Paulo ensinou a Timóteo que "todos quantos querem viver piedosamente em Cristo Jesus serão perseguidos" (2 Tm. 3.12); e aos crentes de Tessalônica, ele escreveu: " vos tornastes imitadores das igrejas de Deus existentes na Judéia em Cristo Jesus; porque também padecestes, da parte dos vossos patrícios, as mesmas coisas que eles, por sua vez, sofreram dos judeus, os quais não somente mataram o Senhor Jesus e os profetas, como também nos perseguiram" (1 Ts. 2.14-15).

Em Gálatas 6.17, Paulo declara: "Trago no corpo as marcas de Jesus". Ele recebeu em seu corpo feridas causadas por pessoas cujo alvo era atacar a Cristo. Paulo considerava um privilégio o sofrer por Cristo, pois desejava compartilhar da comunhão dos sofrimentos de Cristo (Fp. 3.10).

O sofrimento encoraja outros crentes. Freqüentemente Deus usa o sofrimento de um crente para encorajar e fortalecer outros crentes. A reação dos cristãos em Tessalônica às tribulações foi um exemplo para os crentes em toda a Macedônia e Acaia (1 Ts. 1.6-7). O primeiro aprisionamento de Paulo resultou em maior progresso para o evangelho, porque deu a outros crentes ousadia para "falar com mais desassombro a palavra de Deus" (Fp. 1.14).

O sofrimento pode beneficiar os incrédulos. Muitos incrédulos são pessoas eleitas que ainda não foram redimidas. Ocasionalmente o

Senhor usa a perseguição aos crentes para atrair a Si os eleitos, como fez com o carcereiro filipense, em Atos 16. O carcereiro foi encarregado de guardar Paulo e Silas, após estes terem sido espancados ilegalmente e jogados na prisão. O único "crime" deles foi proclamar a Cristo e expulsar um espírito mau de uma moça escrava (vv.16-23). O carcereiro, com certeza, os ouvira orar e cantar hinos de louvor a Deus (v.25), pois, quando veio o miraculoso terremoto (v.26) e ele quase se suicidou (v.27), perguntou-lhes o que deveria fazer para ser salvo (v.30). Paulo e Silas pregaram o evangelho a ele e à sua família, e todos eles creram (vv.31-34).

O sofrimento nos capacita a ajudar os outros. Com freqüência, aqueles que sofrem mais são mais sensíveis ao sofrimento dos outros. Isso promove as maravilhosas graças da misericórdia e da compaixão. Em certo sentido, essa é a essência do ensino de Hebreus 4.15-16:

> *Porque não temos sumo sacerdote que não possa compadecer-se das nossas fraquezas; antes, foi ele tentado em todas as coisas, à nossa semelhança, mas sem pecado. Acheguemo-nos, portanto, confiadamente, junto ao trono da graça, a fim de recebermos misericórdia e acharmos graça para socorro em ocasião oportuna.*

Jesus sabe o quanto lutamos com a tentação e as fragilidades humanas, visto que teve conflitos semelhantes. Ele pode compadecer-se de nós e nos confortar, ao nos aproximarmos dEle por meio da oração e da Palavra.

A graça de Deus é mais do que suficiente para cada uma de nossas necessidades. Nosso relacionamento com Ele é profundo e marcado por tal confiança a ponto de sermos atraídos a Ele em tempos de dificuldade? Sentimo-nos contentes ao suportar fraquezas, insultos, aflições e perseguições por amor a Cristo, a fim de que possamos estar espiritualmente fortes, mesmo em meio à fraqueza física e emocional?

Conta-se que Charles Haddon Spurgeon, em certa tarde, ao dirigir-se para casa, após um árduo dia de trabalho, sentindo-se cansado e deprimido, recordou o versículo: "A minha graça te basta".

Em sua mente, logo se comparou a um peixinho no rio Tâmisa, com receio de estar tomando tantas medidas de água, dia a dia, que chegaria a secar o rio. Então o grande rio Tâmisa lhe disse: "Beba, peixinho. Minhas águas são suficientes para você".

Depois, Spurgeon pensou em um ratinho nos celeiros do Egito, temendo que suas beliscadas pudessem exaurir os suprimentos e fazê-lo morrer de fome. Então, José aparece e diz: "Anime-se, ratinho. Meus celeiros são suficientes para você".

Depois, pensou em um homem escalando uma alta montanha para alcançar seu elevado cume, com medo de que sua respiração viesse a esgotar todo o oxigênio da atmosfera. O Criador faz soar sua voz do céu, dizendo: "Oh! homem. Respire bem e encha seus pulmões. Minha atmosfera é suficiente para você!"

Descansemos na abundância da maravilhosa graça de Deus e na total suficiência de todos os seus recursos espirituais. Este é o legado que o todo-suficiente Salvador concedeu a seu povo.

"Graça e paz vos sejam multiplicadas" (1 Pe. 1.2b).

---

1. Michael Horton, *The Agony of Deceit* (Chicago; Moody, 1990), pp. 123-125.

Epílogo

Perfeita Suficiência

A fim de viverdes de modo digno do Senhor, para o seu inteiro agrado, frutificando em toda boa obra e crescendo no pleno conhecimento de Deus; sendo fortalecidos com todo o poder, segundo a força da sua glória, em toda a perseverança e longanimidade; com alegria, dando graças ao Pai que vos fez idôneos à parte que vos cabe da herança dos santos na luz.

Colossenses 1.10-12

Não que, por nós mesmos, sejamos capazes de pensar alguma coisa, como se partisse de nós; pelo contrário, a nossa suficiência vem de Deus.

2 Coríntios 3.5

Epílogo: Perfeita Suficiência

Como cristãos, vivemos em um nível para o qual a sabedoria humana não pode fornecer recursos. Nossa habilidade de viver a vida cristã vem somente de Deus. E, quando se trata de assuntos espirituais, tudo o que precisamos saber está revelado na Palavra de Deus e é ministrado a nós por meio do Espírito Santo. Não precisamos recorrer a nenhuma outra fonte.

Um dos nomes de Deus, no Antigo Testamento, é *El Shaddai*, que significa "o Todo-Suficiente". Esse é um nome cheio de significado. Aqueles que O adoram em Espírito e em verdade descobrem que Deus satisfaz cada necessidade da vida. Não precisam de qualquer experiência suplementar, uma dose mais forte da redenção divina, ou qualquer outro aparato espiritual ou emocional. Deus deu a cada crente graça abundante, a qual é absolutamente suficiente para satisfazer nossos anseios mais ardentes, nossos desejos mais intensos e cada uma das nossas mais profundas necessidades.

Recentemente vasculhei minha biblioteca, procurando informação sobre um atributo de Deus: a generosidade. Fiquei abismado ao descobrir que quase nada havia sido escrito sobre o assunto. Não o encontrei alistado em nenhuma obra de teologia sistemática. Não estava em nenhum dos livros sobre o caráter e os atributos de Deus. Não pude achar este assunto em lugar algum. Passei uma tarde lendo índices, tentando achar algo que se tenha escrito sobre a generosidade de Deus. Será que os teólogos cristãos duvidaram que Deus é, de fato, muito generoso? Suspeitamos que Ele seja mesquinho?

É claro que Ele não é. Em Êxodo 34.6, Deus nos dá, através de Moisés, uma avaliação de seu próprio caráter. Eis o que Ele proclama: "SENHOR, SENHOR Deus compassivo, clemente e longânimo e grande em misericórdia e fidelidade". Lamentações 3.22-23 afirma: "As misericórdias do SENHOR são a causa de não sermos consumidos, porque as suas misericórdias não têm fim; renovam-se cada manhã. Grande é a tua fidelidade". Estes versículos e vários outros mostram que a generosidade de Deus é interminável, sendo mais abundante quando Ele despende amabilidade e misericórdia. Suas misericórdias nunca falham; sua fidelidade é grande; sua graça é suficiente.

Quão generoso é Deus? Romanos 8.32 declara: "Aquele que não poupou o seu próprio Filho, antes, por todos nós o entregou, porventura, não nos dará graciosamente com ele todas as coisas?" Isso é simples lógica; visto que Deus já nos deu o melhor de Si — seu próprio Filho — por que não nos daria tudo o mais que é bom? Ele nos deu o mais sublime e o melhor; deixaria de nos dar coisas menores? De modo algum.

João 1.16 diz: "Porque todos nós temos recebido da sua plenitude e graça sobre graça". Quando recebemos a Cristo, recebemos tudo o que necessitamos. Por isso Ele veio: para conceder vida, e isso mais abundantemente (Jo. 10.10).

Paulo escreveu à atribulada igreja em Corinto: "Portanto, ninguém se glorie nos homens; porque tudo é vosso" (1 Co. 3.21). Ele desejava que até mesmo os crentes que estavam divididos soubessem que a suficiência deles estava em Cristo. Em vez de lutarem entre si, tomando partido contra os irmãos, precisavam voltar atrás e sondar as riquezas que eram deles em Cristo. Não havia razão para guerrearem entre si. Não havia necessidade de se renderem ao orgulho, ao pecado e à falsa doutrina. Estavam equipados por Cristo com tudo que precisassem.

Atualmente, a igreja necessita desesperadamente abraçar essa mensagem. Os crentes hoje se consomem com as tribulações e os problemas da vida. Eles são tomados pelas dificuldades, dores e angústias. Estão buscando desesperadamente algum grande segredo novo, algum nível espiritual mais elevado, algum alívio mais eficaz do que aquele que possuem em Cristo; conseqüentemente, a igreja está fragmentada e severamente enfraquecida.

Não é necessário que seja assim. A graça de Deus é suficiente. Ele nos abençoou com toda bênção espiritual. Somos participantes da natureza divina. Cristo vive em nós. Somos abençoados nEle com tudo que precisamos ou precisaremos.

Há suficiência em Cristo? Absoluta suficiência. O desafio para nós é conhecermos melhor a Cristo, servi-Lo mais fervorosamente e sermos mais conformados à sua imagem. Paulo disse aos efésios que orava por eles, para que pudessem "compreender, com todos os santos, qual é a largura, e o comprimento, e a altura, e a profundidade e conhecer o amor de Cristo, que excede todo entendimento, para que sejais tomados de toda a plenitude de Deus" (Ef. 3.18-19).

Minha oração é que você não troque a fonte da vida, da qual fluem rios de água viva, pelos vasos rotos que se vendem hoje, os quais não retêm a água.

*Porque dois males cometeu o meu povo:
a mim me deixaram, o manancial
de águas vivas, e cavaram cisternas,
cisternas rotas, que não retêm as águas.*

Jeremias 2:13

ÍNDICE DE ASSUNTOS

— A —
Aborto — médico judeu que trabalhava na
   prática de abortos e que se converteu
   lendo o Evangelho de João: 131-133, 154
Aconselhamento
   bíblico: 53, 63, 69-70
   secular: ver psicologia
Arminianismo aliado ao pragmatismo: 142
Ascetismo adicionado a Cristo: 161

— B —
Batalha Espiritual: 197-221
Behaviorismo: 23, 54-60, 64 (ver também psicologia)

— C —
Carismático — movimento: 95, 170-171
Chantry, Walter — pregação fraca: 144-145
Collyer, Homer e Langley — casa com bugigangas: 31-32

— D —
Davi — afirmação na suficiência das Escrituras: 70-82
Depressão
   métodos efetivos de tratamento: 89-90
   métodos não-efetivos de tratamento: 78-79
Deus
   generosidade: 243-245
   suficiência: 242-245
Doença terminal — mulher cristã, com doença
   terminal, que havia blasfemado contra Deus: 92-93

— E —

Entretenimento na pregação: 137-143
  (ver também pragmatismo)
Escritura
  abrangência: 73
  clareza: 76-78
  efeito corretivo: 114-119
  mártires: 80-81
  precisão: 119-126
  relevância contemporânea: 77-78, 107-109
  suficiência: 69-82, 88-94, 105-127, 151-154
Espírito Santo — suficiência: 94-102
Evangelismo — artifícios: ver pragmatismo
Evangelista que disse ter lutado com Satanás: 171
Exorcismo: ver batalha espiritual

— F —

Filosofia adicionada a Cristo: 161-165
Fosdick, Harry Emerson — argumento
  contra a pregação expositiva: 135-137

— G —

Gnosticismo
  movimento: 21-22
  contemporâneo: 23-24
Graça
  lições: 229-235
  suficiência: 224-240

— H —

Hearst, William Randolph — busca
  por obras de arte que já eram suas: 159

Índice de Assuntos

Herança espiritual: 32-45
Hipnose para pastores: 85
Homossexual — ponto de vista de
   líder "evangélico" sobre a Escritura: 77-78
Horton, Michael — teologia da prosperidade: 234-235
Humanismo: 144-146 (ver também pragmatismo)

— I —

Igreja
   Batista Central de Kiev, Rússia — culto: 105-106
   Comunidade da Graça — processo judicial: 49-50
   Segredo do crescimento: 108-109
Islamita — ator que tentou
   adicionar Cristo à sua religião: 177-178

— J —

Jesus Cristo — suficiência: 12-15, 20, 158-178, 245 *et
   passim*
Johnson, Arthur — experiência mística: 170-171

— L —

Laing, R. D. — crítica à psiquiatria: 56-58
Legalismo — adicionado a Cristo: 165-169
Lewis, C.S. — conselho de Murcegão sobre
   como impedir a prática do cristianismo bíblico: 9-11
Lloyd-Jones, D. Martyn: ver Murray, Iain
Lutero, Martinho — sua afeição
   pelos salmos impreca tórios: 237

— M —

Mentalidade
    celestial: 36-37, 147-148
    "necessidade": 146-148
Misticismo — perigo: 26-27, 169-175
Murcegão (Screwtape): ver Lewis, C.S.
Murray, Iain — observação de
    D. Martyn Lloyd-Jones sobre a pregação fraca: 145-146

— N —

Navio de turismo — homem que se
    sacrificou para fazer uma viagem: 225-226
Nova era — filosofia: ver misticismo

— O —

Oração
    abordagem legalista: 165-166
    efeito do pragmatismo: 147

— P —

Packer, J.I. — falta de certeza da igreja: 112
Pastor
    que disse conversar com
    Jesus, enquanto se barbeava: 171-172
    que não cria na suficiência das Escrituras: 108
    que intimidou sua igreja a mudar de local: 173-174
    que ficou fora da casa de hospedagem: 19-20
Peretti, Frank: 199-200
Pietismo versus quietismo: 181-196
Possessão demoníaca — jovem possuída: 220-221
Pragmatismo
    erro: 141-148

Índice de Assuntos

perigo: 14-15, 24-25, 107-108, 131-155
efeito na oração: 147
Pregação — expositiva: 122-126, 135-140
Prosperidade — teologia: 213-214, 224-235
Provação: ver tribulação
Psicologia
significado: 23-24
"cristã": 13-14, 23-24, 50-54, 59-65, 95-99
perigo: 13-15, 23-24, 53-54, 85
benefício limitado: 23-24, 51-52, 62-63, 110-111
(ver também aconselhamento bíblico)
pressupostos: 55-56
limitações severas: 23, 49-65, 85-102

— Q —

Quietismo versus pietismo: 181-196

— R —

Rádio, fraqueza do cristão contemporâneo: 60-62
Reymond, Robert L. — analfabetismo teológico: 122-123
Roberts, Oral — misticismo: 174

— S —

Santificação
processo verdadeiro: 180-196
"psicológica": 84-102
Satanás — luta: ver batalha espiritual
Satisfação — adiamento: 36-37, 147
Schuller, Robert — pragma tismo: 143-144
Sexo — "cristãos" viciados em: 61-65
Slagle, Priscilla — lidando com a depressão: 78-79
Smith, Hannah Whitall: 181-182
Spurgeon, Charles Haddon — pregação substancial: 126

suficiência da graça de Deus: 240
Sofrimento: ver tribulação
Suficiência
    de Cristo: ver Jesus Cristo
    de Deus: ver Deus
    da graça: ver graça
    do Espírito Santo: ver Espírito Santo
    da Escritura: ver Escritura

— T —

Thomas, Robert — exatidão no ensino da Bíblia: 119-121
Time — artigos críticos sobre psiquiatria: 56-60
Tribulação — graça para suportar: 236-240
Trumbull, Charles: 181

— W —

Wagner, C. Peter: 199-200
Walter, Tony — mentalidade da "necessidade": 146

FIEL
MINISTÉRIO

O Ministério Fiel visa apoiar a igreja de Deus, fornecendo conteúdo fiel às Escrituras através de conferências, cursos teológicos, literatura, ministério Adote um Pastor e conteúdo online gratuito.

Disponibilizamos em nosso site centenas de recursos, como vídeos de pregações e conferências, artigos, e-books, audiolivros, blog e muito mais. Lá também é possível assinar nosso informativo e se tornar parte da comunidade Fiel, recebendo acesso a esses e outros materiais, além de promoções exclusivas.

Visite nosso site

www.ministeriofiel.com.br

Esta obra foi composta em Chaparral Pro Regular 11,8, e impressa na Promove Artes Gráficas sobre o papel Pólen Soft 70g/m², para Editora Fiel, em Abril de 2025.